JN000064

脳神経内科医
田中伸明
Nobuaki Tanaka

やる気に好かれる人、嫌われる人の法則

自分のやる気が上がるのは、どっち?

Which motivates you more?

CROSSMEDIA PUBLISHING

やる気は、山肌から湧き水が染み出すように、
自然と湧き上がるものではありません。

ましてや火山の噴火のように、
突如、爆発的なエネルギーとともに火がつくものでもありません。

やる気は、待っていて高まるものではないのです。

やる気は、つくるものです。
つくり方の仕組みを知れば、
誰でもやる気がほしいときに、やる気を出すことができます。

本書「自分のやる気が上がるのは、どっち？」では、
38通りのやる気のつくり方、上げ方を解説していきます。

やる気が持続すると、
私たちは物事をやり続けることができるようになります。
成功する人の共通点は、あきらめずに物事をやり続けられることです。

つまり、やる気のつくり方を学ぶことは、
あなたが思う成功へ近づくことなのです。

はじめに

生きている限り、「やる気が出ない時期」は誰にでもある

はじめまして、医師の田中伸明です。

本書『自分のやる気が上がるのは、どっち?』を手に取ってくださって、ありがとうございます。

私は東京・神田でベスリクリニックを開業しており、脳神経内科専門医として「働く人々のメンタルケア」に取り組んでいます。

ベスリとは、「Better Sleep, Better Life」の略です。

睡眠の質の改善は、人生の質を高めてくれる……という考えを基本に、単なる対処療法ではなく、根本的な原因に目を向けた「本治医療」を目指しています。

オフィス街のある神田という場所柄もあって、本院にはたくさんの働く人たちが来院されます。

職場の人間関係に悩んでいる人や、仕事の成果に対するプレッシャーからストレスを抱え込んだ人など、専門医によるメンタルケアを必要とする人たちが次々と相談にやってきます。

ここ数年、**最も多くなっているのが、「やる気が出ない」という訴え**です。

・仕事に対して、やる気が起こらない
・朝から体がだるい
・会社に行くのがツライ
・休日もボーッとして、遊びに行くのも面倒くさい

こうした訴えは、うつ病の初期症状と診断することもできますが、それでは私が目指している「本治医療」にはならないと考えています。

生きている限り、誰にでもやる気が出ない時期はあるものです。

それが長く続くこともあれば、1〜2週間で回復することもあります。

職場の人間関係が原因であれば、人事異動によって改善されたり、プライベートのゴタゴタが収まるだけで、仕事に対する意欲が回復することもあります。

あまり深刻に考えるのではなく、**やる気を起こすための具体的な方法論を知ることが、改善のための一番の近道**だと考えています。

これは脳の専門医としての知識だけでなく、私自身が実際に経験してきたことでもあります。

「やる気が出ない」は、私が体験してきたテーマ

私は鹿児島大学医学部を卒業後、諏訪中央病院に脳神経専門医として勤めたり、厚生省医療病院管理研究所でマネジメントを学んでから、外資系の大手コンサルティング会社マッキンゼーに日本人医師として初めて採用されました。

当時の私は上昇志向が強かったため、「**医師のキャリアをビジネスの現場で活かしたい**」と考えたのです。

気鋭の脳神経専門医が、ビジネスの最前線に華々しく降臨……となるはずでしたが、現実はそれほど甘いものではありませんでした。

優秀な同僚たちと自分の能力を比べてしまい、「自分には価値がない」と考えるようになっていました。

入社からわずか3カ月後には、結果が出せないまま、やる気を失ってしまい、「オフィスに行きたくない」と思うようになりました。

いわゆる、うつ状態に陥ってしまったのです。

脳神経内科の専門医であっても、うつ状態になってしまうのですから、ビジネスの現場で働く人たちが、いかに大変な思いをしているのか、自分の身を持って体験することになりました。

こうした経験を活かして、「**最前線で働くビジネスパーソンのメンタル支援をした**

い」と考えたことが、現在のベスリクリニックを開院した動機のひとつです。

多くのビジネスパーソンが直面している「やる気が出ない」という問題は、私自身がつき合ってきた切実なテーマでもあります。

必要以上に深刻に考える必要はありませんが、そこから目を背けるのではなく、きちんと対峙していくことが大切です。

「現状を変えてほしい」という脳からの要請

「やる気が出ない」とひと口に言っても、その原因はさまざまです。

単純に疲れていて、やる気がしないときもあれば、なぜか今日は集中できないという日もあるでしょう。苦手な仕事を片付けなければならず、気が進まないときもあるはずです。

日によって、状況によって原因は違いますが、多くの場合に共通するポイントもあります。

それは「**物事が思い通りに進まない状況**」にあるということです。

・厳しいノルマを課せられているけれど、全然達成できていない
・相性の悪い上司と仕事をすることになり、憂鬱な気分から抜け出せない
・仕事がマンネリで面白くない

このような状況にあるとき、私たちはやる気を上げることができなくなります。「**気合いが足りないからだ**」と自分を奮い立たせようとしますが、気合いなんてものは長続きしません。

やる気が出ない自分は「ダメ人間だ」「怠け者だ」と落ち込み、自責の念に駆られがちですが、しかし**本当に悪いのは自分**でしょうか。

脳の専門医の立場でいえば、こうした状況でやる気が上がらないのは、ある意味当然のことといえます。

なぜならこのときあなたの脳は、これ以上あなたを頑張らせないようにするため、

心身を「**やる気が出ない状態**」にして、エネルギーを保存しようとしているからです。やる気が出ないとき、疲労感やだるさを感じるのはそのせいなのです。

頑張ってもうまくいかない状況が続けば、かつての私のようにうつ状態になってしまうかもしれません。

脳はエネルギーを保存する一方で、あなたに「**早く今の状況（環境）を変えてほしい**」と訴えます。

脳からの要請に応えるためにも、私たちは「気合いを入れる」のではなく、「今の状況を変える」ように行動することが大切になります。

脳科学が解明したやる気が出るメカニズム

やる気が出ない今の状況を、どうすれば「やる気が出る状況」に変えられるのでしょうか？

脳神経科学では、やる気が出る場面や環境は、次の「3つ」であることがわかっています。

①うれしい出来事が起きるかもしれないと期待しているとき

例えば……

・あとひと押しで取引先に「イエス」と言わせることができるかもしれない

・憧れの人とデートができるかもしれない

・プロジェクトが無事に終わったら、長期休暇が取れるかもしれない

②予期していなかったうれしい出来事が起きたとき

例えば……

・会社や取引先からの特別ボーナスが提示された

・友人たちがサプライズで誕生パーティーを開いてくれた

・普段は厳しい上司から思いきり褒められた

③うれしい出来事が確実に起きると予想されたとき

例えば……
・業績好調で、今期のボーナスは期待できる
・もうすぐ妻(夫)と2人で新居に引っ越すことが決まっている
・今のペースで勉強を続けていけば、資格合格は間違いない

この3つのうち1つでも当てはまると、私たちの脳内に意欲や多幸感を担う**脳内ホルモンのドーパミンが分泌され、やる気が高まります。**3つの状況をつくり出すような動きをすれば、やる気を上げることができるわけです。

ドーパミンとやる気の関係については後ほど本文で詳しくお伝えします。

そして、一度上がった**やる気が持続しやすい状況**もわかっています。

次の2つがそれです。

①自分はできるという期待値が高いとき

例えば……

・確実に解けるレベルの応用問題に挑戦しながら、勉強を進める
・リピーターになってくれそうな相手に新商品を売り込む
・毎日5分の筋トレから運動の習慣づけを始める

②喜びを感じる報酬が期待できるとき

例えば……
・週末の趣味の時間を楽しみにしながら、仕事をする
・過去に自分がうまくいったパターンを踏襲したチャレンジをする
・パートナーの好きな要素を詰め込んだデートプランを立てる

「うまくいく環境」に自分を置くことが大事

以上のことから、やる気を上げてそれを持続させるためには、「脳が喜ぶ状態」をつくることが大切であることがわかります。脳が幸福感や心地よさを感じれば、やる気が高まるというわけです。

例えば今日中に資料を作るとか、1時間早く出社するなど、その日に立てた目標を達成したら、自分に「ご褒美」を与えます。美味しいものを食べたり、欲しいものを買ったり……テンションが上がるご褒美を用意すれば、脳は喜ぶでしょう。

またノルマがきつくて苦労しているなら、大きいノルマを複数の小さいノルマに分解して再設定すれば、達成しやすくなるので脳はやる気を取り戻すことができるかもしれません。

このようにちょっと工夫をするだけで、**苦行だったことも楽しめるようになる**はずです。

身に着ける物の色を変えるだけ、毎日の口ぐせを変えるだけで、やる気は驚くほど上がるのです。

この他にも、1章以降でいろいろなケーススタディをあげながら、やる気を上げるための工夫を詳しくお伝えします。

すべての人に正解が当てはまるとは限らない

本書では、やる気が上がる行動の選択肢を2つ提示し、脳科学の観点から「どちらが正しいか」をお伝えします。

注意してほしいのは、2つの行動のうち「Aが正解」と書いてあったとしても、**すべての人に当てはまるとは限らない**ということです。経験や性格の違い、その場そのときの状況の違いによって、Bの選択肢のほうがやる気が出るケースもあるからです。

実際に試してみて、「Aが正解と書いてあったけど、私の場合は当てはまらない」と感じたら、**ぜひBも試してください**。Bもイマイチだったら、CやDの選択肢をつくって試すのもいいでしょう。

まずは「目次」から、気になる「どっち？」を見つけて、早速試してみてください。

本書があなたのやる気を上げる一助になることを願っています。

2023年7月

田中伸明

自分の**やる気**が**上がる**のは、どっち？

●目次

第1章
Chapter 01

やる気が上がる「目標の立て方」はどっち?

第2章
Chapter 02

2 やる気が上がる「口ぐせ」はどっち？

第3章
Chapter 03
3

やる気が上がる「仕事の習慣」はどっち？

第4章
Chapter 04
4

やる気が上がる「上司」はどっち？

第5章
Chapter 05
5

やる気が上がる「朝の過ごし方」はどっち？

第6章
Chapter 06

やる気が上がる「体調管理」はどっち？

第1章

Chapter 01

Which?

やる気が上がる「目標の立て方」はどっち?

どっち？
01

「高い目標」と「低い目標」、やる気が上がるのはどっち？

目標は高いほうがいいか、それとも低いほうがいいか——は、本人の「経験値」や「能力」によって決まります。

例えば、キャリアの浅い人や成功体験の乏しい人は、高い目標や厳しいノルマに対して「**達成できない未来**」**を予測するため、やる気が下がります**。

できないことを続けるのはツライため、「はじめに」でも述べたように、脳があなたを「やる気が出ない状態」にしてエネルギーを保存しようとします。

一方で、豊富な成功体験を積み重ねてきた人は、自分で高い目標を立てた場合も、会社から厳しいノルマを課せられた場合も、「**達成できる未来**」**を予測できるので、やる気が上がります**。

「**自分はできるという期待値が高いとき**」（12ページ参照）に当てはまるので、やる気は高いままキープされるはずです。

自分の能力や経験に合う目標を設定できているかどうかで、やる気は上がりもするし、下がりもするのです。

では、キャリアの浅い人は目標を低く設定すればいいかというと、それも正しくありません。

「確実に達成できる」ため、脳が「**やる気を出すまでもない**」と判断してしまうからです。目標は高すぎても低すぎてもダメなわけです。

やる気が上がるのは、「**やってみないとわからないけれど、おそらくうまくいきそう**」な目標です。

前述した「やる気を上げる3つの条件」のうちの「①うれしい出来事が起きるかもしれないと期待しているとき」（11ページ参照）に該当します。

やってみてうまくいったときの喜びは大きく、あなたは自身の能力の向上を実感するでしょう。

仮にうまくいかなかったとしても、「もう少し目標を低く設定すれば次はいける」という学びを得て、**再チャレンジへの意欲が高まる**はずです。

目標設定を誤ると、人のモチベーションは簡単に下がってしまいます。目標が低すぎるとやる気は盛り上がらず、高すぎるとしぼんでしまいます。

図1のように「**頑張ればクリアできそうな目標**」を立てることを心がけてみてほしいと思います。

答え
01
ANSWER

目標は高すぎても、低すぎてもダメ！
ちょうどいい高さに設定しよう！

図1 やる気が上がる目標設定

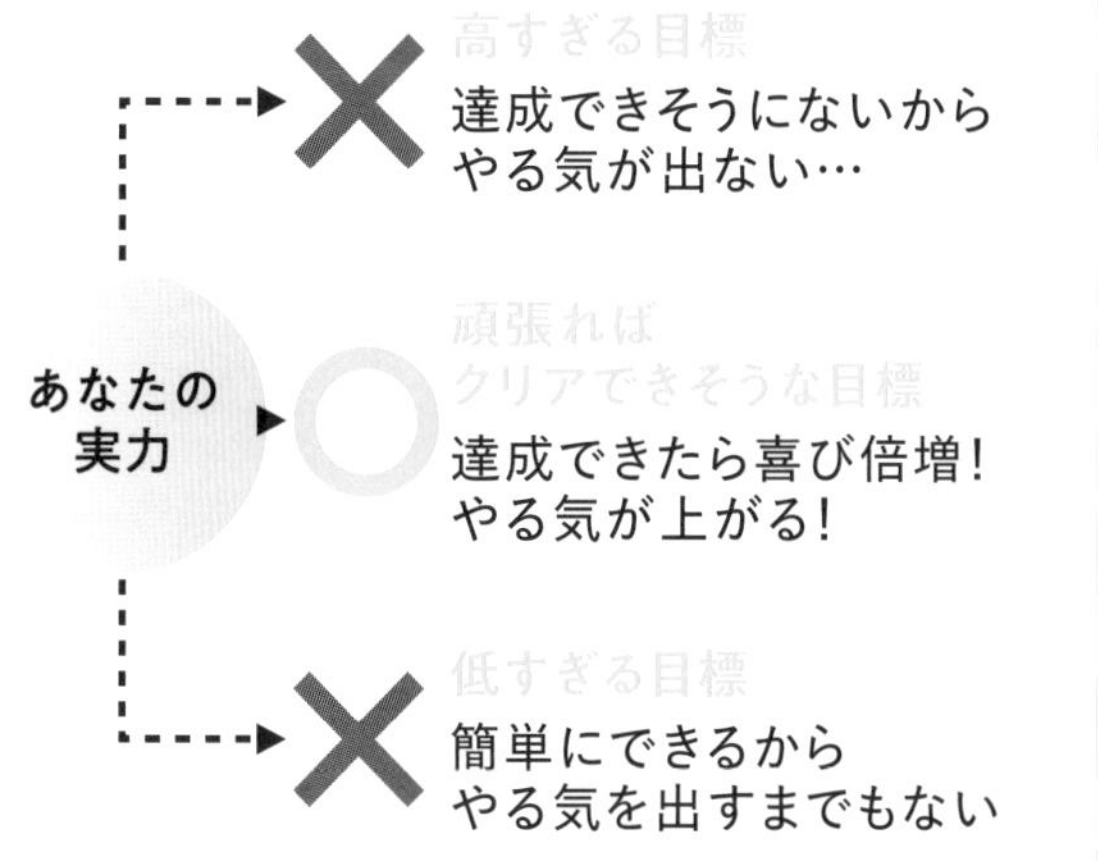
高すぎる目標
達成できそうにないから
やる気が出ない…
あなたの
実力
頑張れば
クリアできそうな目標
達成できたら喜び倍増！
やる気が上がる！
低すぎる目標
簡単にできるから
やる気を出すまでもない

どっち？
02

「やることリスト」を作ると、
やる気が上がる、
プレッシャーになる、どっち？

ビジネスの世界では、「やることリスト」を作成して、上から順番に進めていくことが推奨されていますが、**リスト化することは「やる気を上げる」上でも有効な手段**といえます。

リスト化のメリットは、やるべき「行動」が明確になるのに加え、できた、できなかったと「結果」がはっきり出ることです。

できた場合は達成感を得られ、できなかった場合も「次は必ずやろう！」という意欲が生まれます。

しかし、リストがないと、今日やるべきことをやったかどうかがはっきりしないため達成感を得るのが難しく、今日中に「これ」と「これ」は必ずやるという指針もないので、だらだらと仕事をしてしまうリスクが高いといえるのです。

「行動」と「結果」を明確にするためにも、リストは毎日作りましょう。それだけであなたのやる気は高まります。

リスト化する際は、**「実行すれば必ずできる仕事」**と**「努力すれば実現できる仕事」**の両方を盛り込むようにしてください。

前者は読んで字のごとくですが、後者は前項で述べた**「やってみないと結果がわからない楽しみな領域の仕事」**というニュアンスです。

前者の仕事だけだと淡々と作業をこなすことになるため、やる気は上がりもせず、下がりもしませんが、後者を入れることで**達成した際の喜びが倍増する**はずです。

「やることリスト」は次のようなイメージで書くとよいでしょう。

「実行すれば必ずできる仕事」

・始業時間の1時間前に出社して、「やることリスト」を作る
・メールを受信し、すべてに返信する
・上司に仕事の進捗状況を報告する

「努力すれば実現できる仕事」

・新しい企画のアイデアを3つ考える
・営業メールを見込み客に10件送る
・昨日と同じ仕事量を15分早く終わらせる

できれば集中力の高い午前中のうちに、頭を使わないとできない「努力すれば実現できる仕事」に着手するのがよいでしょう。

リストの項目は5つぐらいが適当です。数が多すぎると、「こんなにやることがあるのか……」とプレッシャーに感じてやる気が下がるからです。

答え
02
ANSWER

やることリストは、やる気を上げてくれる。

どっち？
03

「目的」と「目標」、やる気が上がるのはどっち？

皆さんは、「目的」と「目標」の違いをどう捉えていますか？
一般的には、このように定義されていると思います。

・**「目的」＝最終的に到達したいと考えるゴール**
「こんな夢を実現したい」「こういう志を持った人になりたい」といった**夢やビジョン**のこと。

・**「目標」＝目的を実現するために掲げる具体的な指標**
夢やビジョンといった**目的を実現するための具体的なステップ**のこと。

「目的」と「目標」は似た意味の言葉ですが、**役割も内容も違います。**違いを意識してそれぞれを設定すれば、やる気はきっと上がります。
この2つを簡単に説明すると、まず「目的」は最終的に成し遂げたい志のようなものです。「いつまでに達成するぞ！」と期限を決めて目指すものではなく、進むべき針路を指し示す羅針盤のような存在です。

一方の「目標」は、**目的を叶えるための手段**という位置づけです。手段なので、具体的かつ実現性の高いものが適しています。

両者の違いを具体的にイメージしてもらうために、私自身の目的と目標を使って説明します。

目的と目標がつながるとやる気が高まる

私たちベスリクリニックの「目的」は、「メンタル医療を通じて働く人たちに貢献すること」です。

ビジネスの現場で、大変な思いをして働く皆さんのメンタルを支援したいという思いを胸に抱いて、日々1人ひとりの患者さんに接しています。

具体的には、「メンタル疾患の予防」→「薬に頼らない治療」→「再発のない根本治療」→「休職復職支援」と段階的に「目標」をつくって診療をしています。

毎日の実務の中に、**目的実現に向けた目標をつくる**ことで、つねに大きな目的を意識しながら日々の仕事に取り組んでいるのです。

実はこの**「目的」と「目標」が直線でつながっている**ことが、やる気を上げる上でとても重要になります。

日々の目標を達成した先に将来の目的がないと、目の前の仕事がその場限りの作業になるので、**小さな達成感はあっても大きな喜びは生まれにくい**のです。

今、仕事がつまらないと感じている人は、目的と目標が定まっていないか、両者がつながっていないため、達成感を得られにくい状態にあると考えられます。

この機会に目的と目標を見直してみることをお勧めします。

冒頭の問いに答えるならば、やる気が上がるのは「目的」と「目標」のどちらかではなく、**2つがつながっていることが重要**なのです。

答え 03
ANSWER

目的と目標がつながっていないと大きな喜びは得られない！

どっち？
04

「自分へのご褒美」はやる気を上げる、下げる、どっち？

「自分へのご褒美」を習慣にしている人は少なくないでしょう。

営業の人であれば、成約したときに欲しかった靴を買うとか、経理の人なら決算を無事に終えたら少し高級なサウナで疲れをとるなど、成果を上げたり、ひと区切りついたときにちょっとした贅沢を味わってリフレッシュする人も多いと思います。

頑張ったら、**ぜひ自分にご褒美をあげてください。**脳が喜び、やる気が上がるはずです。

脳はご褒美を受け取ると、なぜ喜ぶのでしょうか？　それは脳内の「**報酬系**」**という神経ネットワーク**と関係があります。

報酬系とは簡単にいえば、**脳の中の快感にかかわる神経系**で、喜びや達成感を得ると活性化され、ドーパミンを分泌します。

仕事がうまくいったり目標を達成すると、まるでご褒美（報酬）をもらえたかのような爽快感を覚えますが、それはこのためです。

脳は「喜びや気持ちよさ」をまた味わいたいため、同じ行動を再現しようとします。

つまり、やる気や意欲が高まり、**目標達成につながる行為が習慣化されていく**わけです。

ちなみに、脳内の報酬系の仕組みは、人類がまだ狩猟生活をしていた時代に、食物や繁殖の相手を見つけ、それに向かって体を動かすために発達した神経系で、非常に強い力を持っています。

これがネガティブに働くと、アルコール依存や薬物依存、ギャンブル依存といった抜け出しにくい依存症の原因になるので注意が必要です。

脳の「報酬系」を刺激するご褒美の中身

もちろん、目標を達成した際のご褒美程度では依存症の原因になりませんので、安心して自分に報酬を与えていきましょう。

「自分へのご褒美」は、**報酬系の仕組みを稼働させるスイッチ**となります。日頃から「ご褒美リスト」を用意しておき、**嬉しいことや楽しいことがないと持続しない「やる**

気の維持・上昇」に役立ててほしいと思います。
以下、ご褒美リストの例を紹介します。

・午前中の作業を12時までに終えたら、お昼休憩を長めにとって散歩する
・相手に「ありがとう」と感謝されたら、映画を見に行く
・緊急度は低いが重要度の高い仕事に手を付けたら、好物を食べる
・今期の目標を達成したら、海外旅行に行く

ご褒美にはさまざまな種類があり、お金や食事のほか、人に感謝されたり、スキルアップが得られることもご褒美になります。これをやったらこれが得られるとわかることで、やる気は高まるのです。

答え 04 ANSWER

脳が喜ぶ「ご褒美リスト」を用意しよう！

どっち？
05

迷ったら「困難な道」と「簡単な道」、やる気が上がるのはどっち？

私は困難に直面したとき、「**チャンスがやってきた！**」と思うようにしています。

例えば、気の合わない人と仕事をしなければいけないときや、気が進まない案件を抱えているときは、少々大げさですが、「神様がチャンスを与えてくれた。**自分は今、試されているぞ**」と考えるようにしています。けっして避けたり、逃げたりはしません。

なぜなら、**困難な状況は成長するために不可欠**だからです。

チャレンジした結果、たとえそのときはうまくいかなくても、次にまた同じような場面に直面したときに、以前よりうまく対応できれば、**自分の成長をはっきりと感じ取る**ことができるでしょう。

成長を感じることは、やる気の向上につながります。

ですから、私はいつも「迷ったら困難な方を選んだほうがいいですよ」とアドバイスしています。

答え 05 ANSWER

困難な道は成長に通じる道。

どっち？
06

今日できることは
今日やる、明日やる、
やる気が上がるのはどっち？

今日できることを今日やらず、明日に先送りしてしまう人が多いと思いますが、やる気を上げるためには、**「先送りして正解」**といえます。どういうことか、順を追って説明していきます。

そもそも仕事の優先順位は、**「緊急度」と「重要度」の二軸で考える**のがよいとされています。

これは世界的なベストセラー『7つの習慣』で有名なスティーブン・コヴィー氏が提唱したタスク管理法で、ご存知の方も多いでしょう。

紙に十字を書いて、縦軸が重要度(高い、低い)、横軸が緊急度(高い、低い)としたマトリクスを作ります。自分が抱える仕事を重要度、緊急度の高低に従って割り振っていくとどうなるでしょうか？

まず重要度と緊急度がともに「高い」仕事は、今すぐ対応すべきものですから、**やる気のある、なしにかかわらず、粛々と進めていかなければ**いけません。

緊急度が高く、重要度が低いものも同様の対応が必要です。

今日やるか、明日に回すかで悩むのは、**二軸ともに低いものか、重要度は高いが、緊急度は低い仕事**です。前者は多くの人が明日に回していると思いますが、後者は判断が難しいところです。

重要ではあるが緊急度が低いので、「明日でいいか」と先送りしがちですが、常に頭の片隅にその仕事のことがあるため、焦りや不安を抱えながら他の仕事をやることになります。

目の前の仕事に集中できず、仕事の効率が落ちるため、たとえ緊急度が低くても早く手を付けたほうが無難です。それでも先送りしてしまう……という人には、「**時間の価値**」から仕事の優先順位について考えることをお勧めします。

例えば、「今日の2時間」と「未来の2時間」は同じ2時間ですが、じつは未来の2時間のほうが価値は高く、重要です。なぜなら、世界は常に変化していて、何が起こるかわからないからです。

私たちが「明日でもできる」と物事を先送りできるのは、**「明日も今日と同じように過ごせる」**という前提があるからです。でも、本当に明日も同じように過ごせるでしょうか？

突発的なトラブルがあるかもしれません。体調が悪化したり、より緊急度の高い仕事が舞い込むこともあるでしょう。

変化の可能性を考慮して、今日できる余力があるならば、緊急度、重要度ともに「低い」、もしくは重要度は「高い」が緊急度は「低い」仕事であっても**今日やってしまうほうが合理的**といえるのです。

やれるうちにやっておけば、明日に持ち越したり、やり残すことがない分、余計な

図2 仕事の優先順位がわかるマトリクス

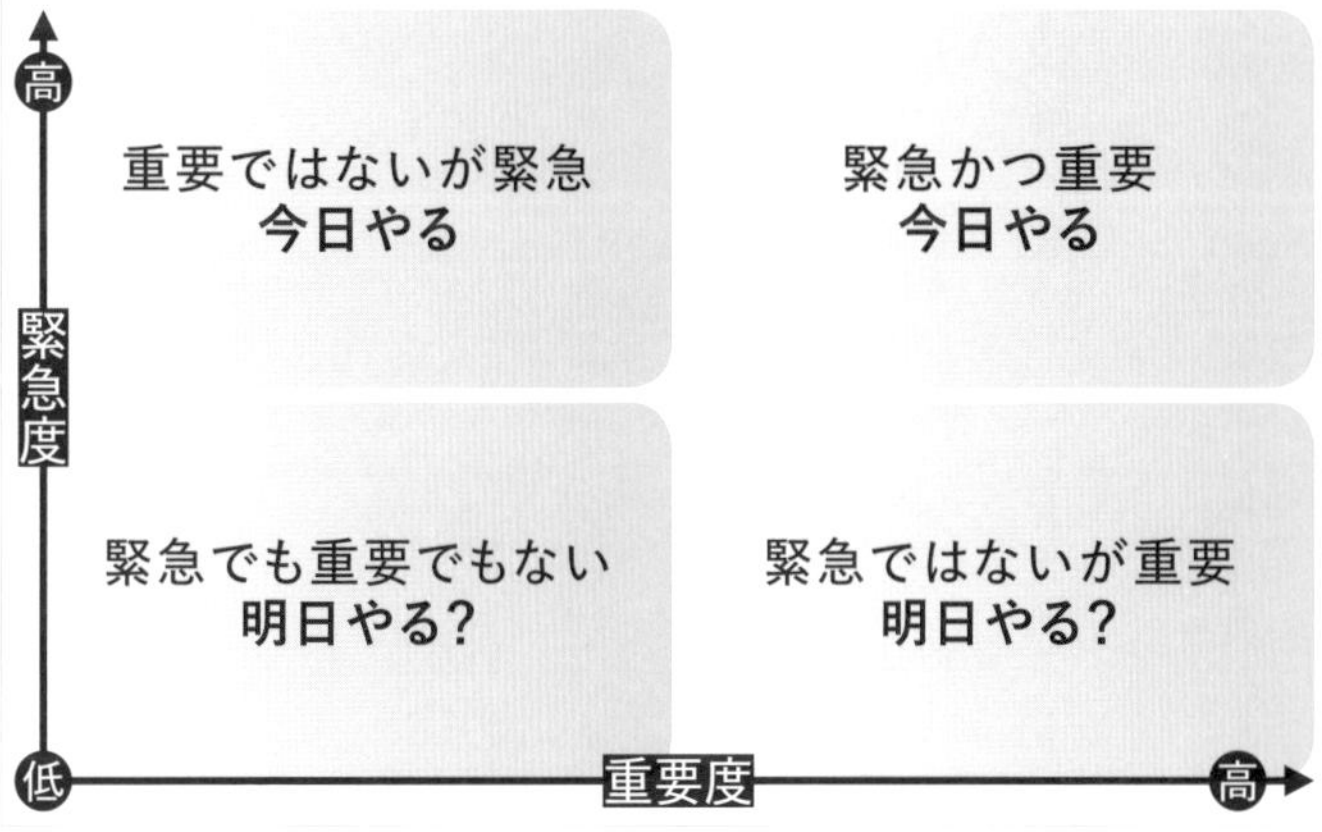

ストレスを抱えずに済みます。結果、やる気が削がれることもないでしょう。

こうした合理的な視点を踏まえた上で、私はまったく別の視点を提案したいと思います。むしろこれからお伝えする視点こそが重要であると考えています。

あなたのやりたいことを優先しよう！

別の視点とは、「緊急度」と「重要度」の二軸から、今日やるべきことを合理的に考えるのではなく、**「あなたのやりたいことを優先する」**という視点です。

前ページ「図2」の緊急度が低い仕事は明日以降に回し、残りの時間は「自分のやりたいこと」のために使うのです。


例えば将来起業を考えているならば、就業時間後は残業しないでビジネススクールに通って勉強したり、資格の勉強を始めてみる。

地方で地域に携わる仕事がしたければ、今地方でどんなことができるかを調べたり、そこで求められるスキルを少しずつ磨いておくことも必要です。

まだ自分にはやりたいことがない……という人は、それを探す時間にあてればいいと思います。

こうした夢に向けて準備する時間は、長期的に見れば重要度が高くても、短期的には重要度も緊急度も低いので、つい後回しにしてしまう人が多いはずです。

しかし、**夢に向かう時間は他のどんな時間よりもワクワクするし、楽しい**ものです。脳の報酬系が刺激されて、ドーパミンがどんどん分泌されるでしょう。ぜひ、日頃から意識してこの時間を確保するようにしてみてください。きっと日々の生活が今より活気に満ちたものになるでしょう。

冒頭の設問に戻ると、「**明日やればいいことは、さっさと先送りして、未来の自分をつくる時間を優先しよう！**」が答えになります。

答え 06 ANSWER

「やらなければいけないこと」ではなく、「やりたいこと」を今すぐやろう！

コラム 01

やる気がある人は、なぜやる気があるのか？

なぜあの人は、いつもやる気に満ちあふれているのだろう……？

皆さんの会社にも、そう思える人が何人かいるのではないでしょうか。

彼らが高いモチベーションを維持している一番の理由は、つねに**困難な道を選んで挑戦しているから**だと私は考えています。

42ページの「どっち？5」でも述べましたが、彼らは「**挑戦する**」**ことで自分は成長することができる**と考えているため、つねにファイティングポーズをとってチャレンジしています。

成功や失敗という「結果」は二の次なので、たとえ失敗しても、やる気が下がることはなく（一時的に落ちることもあると思いますが）、むしろ再度挑戦するために、やる気を上げて突き進んでいきます。

彼らは**困難な道を楽しんでいる**のです。

困難な道にこそ、勝ち筋がある

とはいえ、**困難な道を選ぶには相当なエネルギーが必要**になります。いったい彼らは、どこからエネルギーを引っ張り出してきているのでしょうか。

私の話で恐縮ですが、ときどきお会いした方から「エネルギッシュですね！」と褒めていただくことがあります。

自分でも年齢の割に活動的であることは自覚していますが、感心してもらえるとやはり嬉しくなります。私のエネルギーの源は何だろうと改めて考えると、高校時代に思い当たる経験がありました。

当時私は自分のことを、受験生として要領がよく、効率よく勉強ができる生徒だと思っていました。

ところがあるとき、美術の教師に美術準備室に呼び出され、美術の授業中に内職(別の科目の勉強)をしていることを指摘されたのです。

私は「大学受験に美術が出ますか?」「美術ができたら、大学に合格できますか?」と反論し、「受験には必要がない教科だから別の勉強をしているだけです」と、吐き捨てるように言いました。

すると先生は、**「世の中はもっと広いぞ、そんな狭い了見でどうするんだ!」**と言って、こう続けたのです。

「田中、覚えておけよ。目の前に難しい道と楽な道があって、どちらかを選択するとき、絶対に難しい道を選ぶんだぞ。**自分で自分を賢いと思っているヤツは、難しい道に近寄らない。失敗するのは非効率だと思っているからだ。**でもな、多くの人が難しいと思う道は、他の人が来ない領域だ。そこを通る経験は希少価値になり、本人を成長させる。通るべき道は、困難な道だぞ」

失敗とは成功に近づくための一歩

私は自分の了見の狭さを恥じる一方で、この日を境に「迷ったら難しい道を選ぶ」と決め、今日までそのように生きてきました。

困難な道なので失敗することも多いですが、そんなときは「**失敗する道がわかったから、また一歩成功に近づいたはずだ。自分は成長している！**」と思えるようになったのです。

私がエネルギッシュでいられるのは、困難な道を選ぶことの大切さを教えてくれた美術の先生のおかげであり、その教えを守り続けているからだと思っています。

あえて困難な道を選ぶライバルは少ないので、この思考を身につければ成功し、勝ち残る確率はとても高いと実感しています。

第2章

Chapter 02

Which?

やる気が上がる「口ぐせ」はどっち？

どっち?
07

「きっとできる!」と「ま、いいか」、やる気が上がる口ぐせはどっち?

「きっとできる！」のような自分へのポジティブな声かけは、基本的にやる気を高めてくれます。ただし、逆効果になるケースもあります。

それは「**きっとできる！」と口にして行動した結果、手痛い失敗をした**ことが過去にある場合です。

すると、「きっとできる！」が、「**あのときはうまくできなかった……**」という記憶を呼び起こすスイッチになってしまい、やる気が下がってしまうのです。

思い当たる過去がある人は、失敗の原因を分析して、「**次こそはできる！」と思える状況をつくってみてください**。いい結果を期待できる状況で、今度こそ「きっとできる！」を使うのです。

期待通りの結果が出れば、その後「きっとできる！」は本人にとってポジティブな行動を後押しするキーワードになるはずです。

もう1つの選択肢である「ま、いいか」は、**気持ちを切り替えるときのスイッチとなる言葉**です。うまくいかないことが起きたときに、それをネガティブに受け止めてしまう前に「ま、いいか」とつぶやくのです。

自分ではどうにもならないことについて、くよくよ悩んでいても、精神衛生上よくありません。だったら、「ま、いいか」といったん事実を受け入れてみるのです。

このとき、できれば**声に出して言って**みてください。すると、モヤモヤした気持ちに対してひと区切りがつくはずです。

「ま、いいか」で済ませてはいけないとき

「きっとできる!」という口ぐせが気持ちを前向きにする一方で、「ま、いいか」は後ろ向きになるのを防ぐ言葉です。**優劣はなく、役割の違い**だと考えてください。

ただし気をつけてほしいのは、「ま、いいか」とつぶやいて気持ちにひと区切りをつけた後は、しっかり反省しなくてはならないということです。

そもそも「ま、いいか」と言わざるをえない状況になったのは、自分がミスをしたり、相手に迷惑をかけた場合が多いはずです。

反省して今の考え方ややり方を変えないと、また同じことをくり返すだけです。

例えばプレゼンがうまくいかなかったときに、「**ま、いいか。今回は運が悪かった。次は頑張ろう**」と言っていたとしたら相当マズいですよね。これではまた次も失敗する確率が高いので、そのうち「ま、いいか」では済まなくなります。

「ま、いいか。忘れよう」とその度に言っていたら、責任感のない適当な人と思われ評価も大きく下がるでしょう。

こんなときは「**ま、いいか。今回は伝える順番を間違えたので、次は別のポイントから話そう**」と反省し、やり方を変えていけばいいのです。対策を練った分、次はうまくいく可能性が上がるので前向きな気持ちで臨めるはずです。

大事なのは「ま、いいか」とつぶやいて気持ちを切り替えたら、**取り組み方も一緒に変える**ことなのです。

答え 07 ANSWER

「きっとできる！」は本当にできるときに使わないとやる気が下がるので注意！

どっち？
08

ポジティブな言葉と
ネガティブな言葉、
やる気が上がるのはどっち？

人間の脳というものは、**あなたが発した言葉で現実を認識**します。

あなたが「楽しい」と言えば楽しい現実があると認識し、「つまらない」と言えば現実はつまらないと認識します。その意味で「口ぐせ」はやる気を左右する重要なファクターといえます。

脳があなたの言葉で現実を認識することを、職場でよくある例で紹介しましょう。


ある会社に、**部下によって評価の分かれるA課長**がいたとしましょう。

若手時代に自分を育ててくれたと感じている部下Bにとって、A課長は「**厳しいけれど、指導力のある上司**」という評価です。一方、別部署から異動してきた部下Cにとってのア課長の評価は、「**強引で嫌みな上司**」です。

では、問題です。A課長の下で働き続けるとして、**やる気が上がるのは部下Bと部下Cのどちら**でしょうか？

答えは簡単。**上がるのは、部下Bで、下がるのは部下C**です。

先ほど、脳は「言葉」で現実世界を捉えると説明しました。部下Bは、上司を「指導力がある」とポジティブに評価していますから、A課長が少し強引に感じられる発言をしても、**「みんなを引っ張ってくれる」**という認識になります。

ところが、同じ場面でも部下Cの捉え方は異なります。

「また強引に自分の意見を押しつけてきた。イヤな上司だ」と受け止め、「やる気が出ねぇ……」となるわけです。

口から出る言葉が現実の世界を変えてしまう

では、ここでもう1つ問題を出します。**現実の世界に「イヤな上司」をつくり出しているのは、**誰でしょう？　答えは、部下Cです。

A課長の仕事ぶりを「強引で嫌み」とネガティブな言葉で表現することで、**部下Cは脳内にAというイヤな上司がいる世界をつくってしまっています。**

しかし、事実としてあるのは、会社にA課長という上司がいて、その人の下で何人もの部下が働いていること。部下BにとってA課長は、「指導力のある上司」であり、自分を導いてくれたポジティブな存在ですが、他の部下DやEにとってのA課長は、可もなく不可もない上司かもしれません。

つまり、**同じ職場で働いていても、1人ひとりが見ている世界は異なる**わけです。

そしてその認識は、それぞれが発した言葉でつくられます。

部下Cのように、「今日も強引で嫌みなA課長と顔を合わせて仕事をするのか」と脳内でネガティブな言葉を思い浮かべていたら、その人にとって職場はしんどい空間になります。当然、やる気は下がり、積極的に業務に取り組むことも難しくなっていくでしょう。

そんな姿をA課長が見て、「部下Cは成果を出していないし、覇気もない。しかも自分を嫌っているように感じる」という認識を持ってしまえば、ますます状況は悪化します。**言葉は、現実の世界を変えてしまう**のです。

あなたが感じる責任の重さは「何トン？」

私はクリニックでの診察中、よく患者さんとこんなやりとりをしています。

「先生、仕事の責任が重くて押しつぶされそうです」

「そうですか」

「プレッシャーに感じてしまって……」

「ちなみに、その責任の重さは何トンですか？」


患者さんはキョトンとします。ときには「真剣に相談しているのに！」と怒り出す人もいます。でも、私も真剣に聞いています。

なぜなら、患者さんの脳内の世界に働きかけたいからです。

責任の重さが何トンか？　答えは出ません。責任の重さに、事実としての重量はないからです。それに気づくと、患者さんは困ったように笑います。冷静になって、重さはないな……と考えるわけです。

脳の中で「責任が重い」と考え、**それを口にした途端、患者さんの現実世界ではプレッシャーで押しつぶされそうになるくらいの責任の重さが発生**します。

でも、実際の責任の重量は１００トンでも、10グラムでもありません。そう客観視できたところで、私は**「役職」と「自分」を切り分けて対応する**ように伝えます。

仕事の責任は、役職に求められている責任であって、一個人としての患者さんにのしかかっているものではない、と。

そんなふうに言葉を使い分け、課題を分離してもらうのです。

すると、多くの患者さんは肩の荷が下りたような表情になってくれます。


あなたが認識する世界をつくっているのは、あなたの言葉です。

ポジティブな言葉を選べば、ポジティブな世界が現れます。

ネガティブな言葉を選ぶと、ネガティブな世界が現れます。

脳神経科学的に言うと、ポジティブな言葉を使う人はやる気が上がり、ネガティブな言葉を使う人はやる気が下がるのです。

答え 08 ANSWER

ポジティブな言葉を使えば、ポジティブな世界が現れ、ネガティブな言葉を使えば、ネガティブな世界が現れる。

どっち？ 09

「あいつが悪い」と人のせいにする、「自分が悪い」と受け止める、やる気が上がるのはどっち？

「上司が悪い」
「部下が悪い」
「夫が悪い」
「妻が悪い」
「世間が悪い」
「政治家が悪い」

うまくいかないことや気分の悪いことがあると、つい人のせいにしてしまうことは誰にでもあると思いますが、人のせいにしたところで気持ちがすっきりすることはほとんどありません。

むしろ、**自分が発したネガティブな言葉が耳から入り、苛立ちやモヤモヤを増幅させてしまう**ことのほうが多いでしょう。

私はメンタルクリニックの医師として、日々たくさんの患者さんと接しています。

ベスリクリニックは、サラリーマンの街として知られる東京都の神田駅前にあり、悩みを抱えた多くのビジネスパーソンの皆さんが相談に来てくれます。

そんな悩める皆さんに**共通している口ぐせが、「〇〇が悪い」**です。

もちろん、彼らは最初から「他責思考」だったわけではありません。

異動で気の合わない上司がやってきた、減給によって家庭不和が生じた、同僚が先に出世していった……など、きっかけとなるつまずきがあり、事態の悪化とともに他責的な「〇〇が悪い」という思考が生まれ、口ぐせになっていったのだと思います。

脳は口ぐせの言葉が「真実」であると認識する

「〇〇が悪い」と繰り返し言っていると、私たちの**脳は自分の口ぐせとなった言葉を信じる**ようになります。前項でも述べたように、脳はあなたが発した言葉で現実を認識するからです。

そうなると、悪いのは相手であり、変わるべきなのは相手であると脳は認識します。

私は悪くないから、私が変わる必要はない――と考えるのです。

「私が変わる必要はない」と考えてしまうと、自分をよりよい状態に変えようという気持ちも意欲も湧かないため、やる気も上がることはありません。

できればこの口ぐせを改めたいところですが、他責モードの人が自分を客観視して、**「悪いのは自分の方かもしれない」**と気づくのは難しいことです。

メンタルクリニックを訪れる人は、医師と関わることでそうした気づきを得ることができますが、そうでない場合は、例えば**信頼できる友人が側にいるなら頼って**みることをお勧めします。

「この場合、悪いのは自分だろうか、それとも相手だろうか」と相談し、友人に「相手も悪いが、お前も悪い」と言われたら素直に受け止め、人のせいにする口ぐせを改めるのです。**他責思考に陥っている自分よりも、友人の言葉を信じるべき**です。

答え09
ANSWER

人のせいにしていると、結果的にやる気が上がらない。

どっち？
10

「疲れた」「しんどい」と思っても、口に出さない方がいい、出した方がいい、どっち？

皆さんは毎日のように、「疲れたな」「しんどいな」と言っていませんか？

夜帰宅して靴を脱ぎながら「あー疲れた…」、朝起きぬけに思わず「しんどいな…」。

無意識で言っているかもしれませんが、こういう場合は心身のどこかによくない状況が起きていて、それが言葉として表出していることがありますから、**意識して自分自身をふり返る**ことをお勧めします。

「なぜ私は毎日のように、疲れた、と言うのだろう？」
「しんどいって、何がしんどいのだろう？」

鏡を見ながら、自分に向かって問いかけてみてください。

そして、肉体的に疲れているならば休養を、精神的にしんどいのならば原因を探って取り除くような行動を起こしましょう。

無意識のうちにこぼれ出るネガティブな言葉は、**その原因を意識的に振り返ってほしいという脳からのサイン**です。

そんなふうに捉えて、次の行動につなげていくことが大切です。

「しんどい」ときは「しんどい」と言えばいい

一方、意識して「今日は本当に疲れた」とか「マジでしんどいな」とぼやくのは、**気持ちを切り替える上では役に立ちます。**感情を吐き出すことで、すっきりすることもあるからです。

ただし、口にする前に、**周りに人がいないことを確認する**ようにしてください。

周囲の人がその言葉を聞くと、あなたのネガティブな感情に巻き込まれてしまうからです。

あなたのボヤきを聞いて、「なんだか自分もしんどくなってきた」と思う人もいるでしょう。疲れたと言っているあなたが上司なら、「大丈夫ですか？」と仕事の手を止めて気遣う人もいるはずです。

もちろん、人を気遣うのは悪くないことですが、いずれにしても周りの人に余計な影響を与えてしまいます。

もしもあなたが**チームリーダーであれば、チームメンバーのやる気を下げることになります。**

どうしても感情を吐き出して気持ちを切り替えたい場合は、周りに人がいないことを確認してからぼやいてください。

それでもしんどさが続くなら、早く寝るとか、ストレス解消でサウナに行くなど、次の手を打てばいいのです。

やる気が上がるのは、その後になります。

答え10 ANSWER

「疲れた」と言うときは、周りに人がいないか確認しよう！

どっち？
11

「グチ」を言うと やる気が下がる、むしろ上がる、どっち？

グチを言うとやる気が下がりそうなものですが、脳科学的には「そうとも限らない」といえます。

さすがにやる気を上げる効果までは期待できませんが、グチには**やる気を下げない効果がありそう**なのです。

そもそも人がグチを言うときは、脳が「**その問題を見直しなさい**」とあなたに伝えている……と考えることができます。

人間関係のグチが多ければ、「その関係を見直したらどうか？」、仕事がつまらないというグチが多いならば、「その仕事を続けるか考えよう！」と脳はあなたに伝えているのです。

図3「グチ」と「やる気」の関係

グチを言うのをガマンする

やる気が下がる

グチを言う

やる気は上がらないが、下がりもしない

でも、ほとんどの人は考え直したからといって、すぐに人間関係を断ち切ったり、仕事を辞めたりはできませんよね？

だからグチを言って、**現状を変えられない自分と折り合うためのガス抜き**をしているわけです。

現状をすぐに変えることはできないけれど、希望を失わず、変化が訪れるまで今の状況で頑張るためにグチっているのです。

居酒屋でのぼやき合いは、やる気を上げませんが、下げもしません。**グチるのをやめて苦しくなるぐらいならば、積極的にグチってしまいましょう。**

答え 11
ANSWER

グチは現状と折り合うための貴重なツール!?

コラム 02

COLUMN

やる気が上がる「マジックワード」はある？

どんなに落ち込んでいるときでも、それを口にするとやる気が湧き上がってくる——そんなマジックワードは存在します。

ただし、それは**万人に共通した言葉ではなく、個々人で異なります。**

自分にフィットするものを見つけることができれば、あなたはいつでもやる気を上げることができるようになるでしょう。

ちなみに、私のマジックワードは、これです。

「なんかおもしろくねえなぁ」

少々品性に欠ける口ぐせかもしれませんが、私が自分自身を奮起させるために口にする言葉です。

「おもしろくねえ」というのは、今の仕事が面白くないとか価値がないとか、そういう意味で使っているのではなく、**最近気づきや発見が減っている自分に対して、喝を入れるためにあえて口にしている言葉**なのです。

数年に一度環境を変え、チャレンジした

私はこれまで医師という職業はそのままに、数年に一度のペースで環境を変えてきました。

医師としてのキャリアのスタートは、大学病院の神経内科でした。難病の患者さん

たちと接する中で、東洋医学の可能性に気づき、長野県の諏訪中央病院東洋医学センターへ移籍します。

そこで地域医療や医療マネジメントについて学んだ後、今度は医療行政の世界を知りたいと考え、当時の厚生省の医療病院管理研究所に勤務。

さらにマッキンゼーなどビジネスの世界に飛び込み、大きな失敗も含めさまざまなことを経験しました。

しかしちょうど40歳のとき、仕事一辺倒の激務の中で体調を崩し、自分の体と家族との関係を回復させるため、東京を離れ、福島県の会津若松に移住します。

竹田綜合病院で再び地域医療に従事しながら、会津大学や日本大学の客員教授として医療イノベーションに従事していたとき、東日本大震災が起きたのでした。

マジックワードは自分でつくる

原発事故が起きた福島県・大熊町から移住してきた方の中には、苦しい、眠れないという患者さんがたくさんいました。

薬を出してもなかなか治らず、むしろ服薬の量が増えていく……。**これは薬で治す病気ではないのかもしれない**と思いはじめ、哲学療法や論理療法、アメリカの認知行動療法など、新たな治療方法を学んだ経験が今のベスリクリニックでの非薬物療法につながっていったのです。


転機を迎える度に、私が口ぐせのように言っていたのが、「なんかおもしろくねえなぁ」でした。

その仕事に飽きたから言っているのではなく、**もっと成長しなければいけない**という思いが、この言葉となって出てきていたのです。

そう気づいてから、意識的に「なんかおもしろくねえなぁ」を口にしています。

長く側にいてくれているスタッフは、「また言っているよ、次は何を始めるつもりだ？」と思っているはずです。


あなたにとって、**自分を刺激してくれる言葉**は何でしょうか？

必ずしも、「がんばる！」「やるぞ！」といった、前向きな言葉である必要はありません。

自分の感性に従って、あなた専用のやる気が上がるマジックワードをつくってほしいと思います。

第3章

Chapter 03

Which?

やる気が上がる「仕事の習慣」はどっち？

どっち？

12

仕事がマンネリでつまらない！
新しい仕事を始める、休む、
やる気が上がるのはどっち？

仕事に対してマンネリを感じたら、私はむしろそのときを**業務改善のチャンス**と捉えています。

今、自分は何をつまらないと感じ、何に飽きているのか、見直した方がよいポイントは何か……を考えることで、改善すべきポイントが浮き彫りになり、新しい取り組みを始めるヒントを得ることができるからです。

その意味では、設問の答えは「新しい仕事を始める」になるでしょう。

私は医師であり、クリニックの経営者です。

診療に対してやる気が出ないということはありませんが、**クリニックの経営についてはマンネリを感じる**ことがあります。ときどき誰かが代わりにやってくれないかな、と思ったりもします。

そんなときは、むしろチャンスと捉えて、医療事務のプロセスを見直すなど業務の改善につなげるようにしています。

マンネリを感じたらチャンスと捉えれば、やる気は上がるはずです。

そもそも仕事がマンネリ化する原因は2つあります。

ひとつは、**仕事自体に問題があるとき、**もうひとつは**仕事のやり方に問題があるとき**です。

前者は、能力と仕事内容が合っていないときにマンネリを感じやすくなります。能力以下の簡単な仕事しか与えられていないと、「どっち1」（26ページ）で述べたように、脳はやる気を出すまでもないと判断します。

この場合は上司に掛け合い、今より難易度の高い仕事を任せてもらえるよう交渉してみてください。能力以上の仕事ができれば達成感を味わえて、さらに自分の能力の向上も感じられるはずです。

もうひとつの「仕事のやり方に問題がある」については、**ご褒美不足**が原因と考えられます。「どっち4」（38ページ）でも述べた通り、この場合は**脳に〝報酬〟を与える**ことでやる気は上がります。

例えば「今月の目標を達成したら、旅行に行く」「上司を説得できたらステーキを食べる」など、自分への報酬を用意することでやる気を高めるのです。

ご褒美ではなく、目標が用意できていないせいで、仕事がつまらないのかもしれません。そういうときは、日々の業務の中に目標を設定してみるといいでしょう。

自分1人で業務が完結する事務処理であれば、過去の自分とタイムを競ってみるとか、棚卸しのような体を使う作業ならば筋トレ要素を導入してみるなど。

会議の議事録作成の場合は、AIを活用して業務の効率化を図るなど、**自分で決めた新しい取り組みに挑戦して、それが達成できたかどうかをチェック**していきます。

達成できたらやる気は上がり、達成できなくても次こそクリアしたいという気持ちがあなたの背中を押すでしょう。そのときマンネリは解消されているはずです。

答え 12 ANSWER

マンネリを感じたら、新しいことを始めるチャンスと捉えよう！

どっち？
13

「サプライズ」は
やる気が上がる、下がる、
どっち？

答えを先に明かしてしまうと、サプライズにはやる気を上げる力があります。なぜなら、**「予期せぬ出来事」は脳内にドーパミンを分泌させ、やる気を高める**からです。

「はじめに」でも簡単に述べましたが、ここでもう一度、ドーパミンとやる気の関係をおさらいしておきましょう。

脳内の腹側被蓋野《ふくそくひがいや》から神経伝達物質であるドーパミンが分泌されると、側坐核《そくざかく》という部位に作用し、側坐核は脳内モルヒネを産生して**幸福感などを生み出します。**

簡単に言うと、ドーパミンが分泌されると私たちは幸せな気持ちになり、やる気が出やすい状態になるのです。

この脳の仕組みは、狩猟時代において獲物を発見するとドーパミンが放出され、やる気が高まり獲物を狩るという**「興奮」と「行動」のくり返し**によって磨かれた強力なものであり、私たちは今でもドーパミンが分泌されるような出来事が起きれば、どんなコンディションであれ、一時的にやる気が上がるようにできているのです。

ドーパミンが分泌されやすいのは、次の3つの条件下であることが脳神経科学の研究で明らかになっています。

①うれしい出来事を期待しているとき
②予期していなかったうれしい出来事が起きたとき
③うれしい出来事が確実に起きると予想されたとき

「サプライズ」は、②の「予期していなかったうれしい出来事が起きたとき」に該当します。

ポジティブなイベントを企画しよう！

皆さんの会社でも**サプライズのイベントが用意される**ことがあるでしょう。

予告せずに誕生日をお祝いしたり、好成績を表彰したり、旅行を企画したり……サプライズがもたらすドーパミンの効果を知らなくても、本能的に喜びが大きくなるのを知っているから好んで開催されるわけです。

では、こうしたイベントにサプライズの効果がなくなった場合――例えばイベントが定番化して驚きが薄れた場合は、ドーパミンは分泌されなくなるのでしょうか。

答えはノーです。仲間の喜ぶ姿を見ることで、**「次は自分の番かも」と期待する**ため、前述した③の「うれしい出来事が確実に起きると予想されたとき」という条件に当てはまり、ドーパミンはしっかり分泌されます。

もしあなたが職場で、チーム運営に携わるポジションにいる場合は、サプライズイベントを定期的に開催してみるといいでしょう。

驚き・興奮は、チームメンバーのやる気を引き上げてくれます。

答え 13 ANSWER

脳の側坐核が最高に反応する「サプライズ・イベント」を用意しよう！

どっち？
14

自分に期待する、期待しない、
やる気が上がるのは
どっち？

「自分に期待する」のは自信のある人、「自分に期待しない」のは自信のない人と言い換えることができます。では、その自信の根拠はどこにあるのでしょうか？

脳は物事に取り組むか、組まないかを判断する際に、過去の経験を参考にします。

例えばあなたが仕事中に「いいアイデア」を思いついたとしましょう。

そのアイデアを上司に伝えるか、伝えないかの選択をするとき、あなたの脳は過去の経験を思い出します。

以前、似たような状況で「伝える」という行動に出た結果、上司から褒められ、アイデアが実現に向かって動き出した経験があれば、伝えた未来は明るいイメージになります。

だから「**今回もうまくいく**」と予測し、「**伝える**」という行動を選びやすくなります。

一方、以前の経験が「上司の冷淡な反応」や「アイデアの否定」といったネガティブな結果に終わっていると、伝えた未来は暗いイメージにつながります。

すると、「**どうせ、今回もうまくいかない**」と予測し、「**伝えない**」という行動を選択しやすくなるわけです。

過去の経験が、自分への期待の高低を決めるわけですが、こうした脳の習性がやる気にどう影響するかを考えてみましょう。

あなたなら、どんなときにやる気がなくなると思いますか？　答えは、**「予測の期待値」と「結果の誤差」が大きいとき**です。

例えば、いいアイデアだと褒められると予測し、期待していたのに、上司からスルーされたり、アイデアを否定されたりすると、途端にやる気は消えてなくなります。**否定されることでストレスが高まり、脳に疲労が蓄積される**からです。

それならば、最初から思いついたアイデアを伝えないほうがダメージは少なくてすみます。「どうせうまくいかない」と予測し、**自分に期待しないほうが、少なくとも「やる気を下げない」という効果はある**でしょう。

あらかじめ期待値を下げることで、結果がどちらに転んでも落ち込みにくくなります。次のように考える人にとっては、よい選択になります。

・今よりも悪くなるのを避けることができれば十分
・上を目指すのは年々しんどくなってきている
・この齢になったら、新しい挑戦よりも現状維持でいい

多くのビジネスパーソンと接してきた医師として、このように考える気持ちはよくわかります。

これ以上、上を目指すのではなく、**今より悪くならなければいい、現状維持で十分**と考えるのも、人選戦略のひとつとしてあってよいと思います。

図4「やる気」と「期待値」の関係

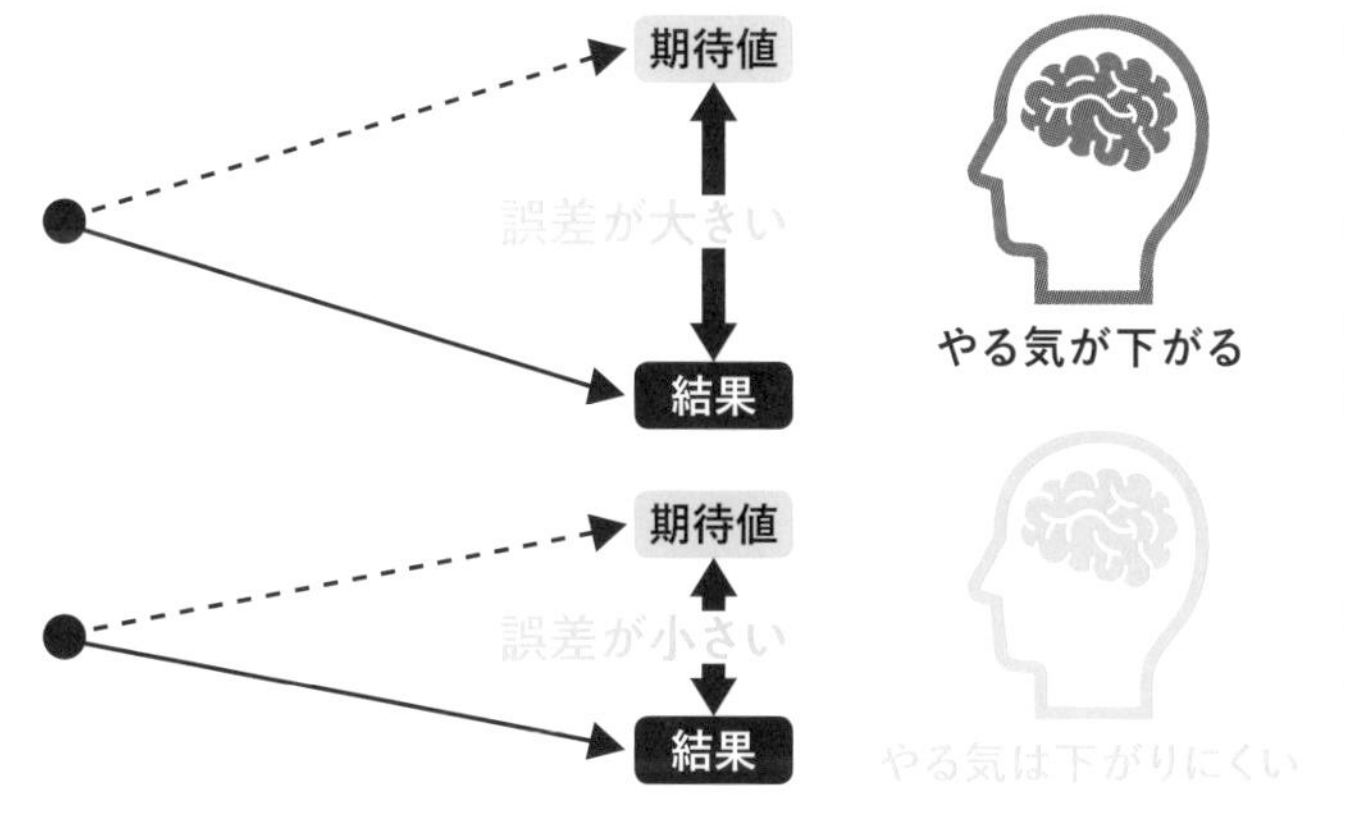

それではダメだ、上を目指して、前向きに考えたほうがいいに決まっている！　とありがちな**ポジティブシンキングを押し付けられるのは息苦しい**ものです。ポジティブでいればうまくいくほど、人生は簡単なものでも単純なものでもありません。

行動しないと、成長のチャンスが奪われてしまう

「どうせうまくいかない」と自分への期待値を下げることは、ストレスを減らし、やる気を下げにくくする効果が期待できます。

しかし私は、そういう生き方を皆さんに勧めたくはありません。きっと**変化の乏しい退屈な人生になってしまう**からです。

こうした行動パターンをとりやすいのは、親の期待に応えようとして頑張る子供——**とくに長男、長女に多い**といえます。

彼ら、彼女らは親にとって初めての子供として期待されて育っていきます。やがて思春期を迎えて自立心が芽生えても、長男・長女は親が敷いたレールの上を歩き、親

が期待する通りの行動を選択します。

どちらに転ぶかわからない場面ではつねに安全なほうを選び、「期待値」と「結果の誤差」をできるだけ小さくするように生きていきます。

チャンスが訪れても「どうせうまくいかない」と考えて挑戦しないため、成長する機会はどんどん奪われていきます。それでいいのか？　ということです。

人生は一度きりです。「どうせうまくいかない」と予防線を張って生きるのもいいですが、思い切って挑戦してみたら、**予想に反してうまくいくこともある**はずです。脳はサプライズの喜びを歓迎し、自信を得た記憶として脳裏に深く刻まれるでしょう。

そうなれば冒頭で説明したように、「**次もうまくいく**」と考えられるようになり、自分への期待も高まるのではないでしょうか。

答え 14 ANSWER

期待値を下げると、やる気は下がらないが、チャンスを逃す。

どっち？
15

反省する、反省しない、やる気が上がるのはどっち？

「あのとき、こうしておけばよかった……」と過去に目を向け、反省ばかりしていると、当然やる気は下がってしまいます。

しかし、**やる気が上がる反省の仕方**もあります。

「こうしておけばよかった」と過去を悔やむのではなく、「**次はこうしよう！**」と未来に意識を向けると、やる気は上がります。やる気は、**気持ちが未来に向いたときに湧き上がる**ものなのです。

例えば、営業中にこちらの要望を話しすぎて、相手の心のシャッターが降りてしまったとしましょう。

そこで、「失敗した……」「話しすぎた」「怒らせてしまった」と反省し、後悔していたらどうなるでしょうか。

次に営業をするときも、「また話しすぎてしまうかもしれない」と考えてしまうため、成功へのイメージが湧かず、気持ちは前に向かないでしょう。

過去を悔やんでいても、気持ちが後ろ向きになるだけなので、「**次はどうするか**」と未来に向けて頭を切り替えることが大切です。

先ほどの例でいえば、「一方的に話しすぎたこと」「こちらの要望を押しつけたこと」が敗因であると認識した上で、次回は「聞き役に徹する」「相手が興味を示すまで資料を出さない」など、**確実に実行できて効果も期待できる行動**を具体的にイメージすればいいのです。

反省は過去ではなく未来に向けて行わないと、モチベーションが下がるだけなので注意が必要です。

大人の脳は失敗した記憶にこだわってしまう

前項でもお伝えしたように、脳は過去の経験をもとに未来を予測します。過去に成功体験が少なければ、次もうまくいかないと予測し、成功体験が多ければ次もうまくいくと考えるのです。

しかし残念なことに、人は大人になると**成功よりも失敗した記憶にこだわる**ようになります。

未来を予測するときに、失敗した記憶が優先的に起ち上がってきて、「次もまた失敗するのではないか」と考えるようになってしまうのです。

だからこそ、「**次こそはうまくいくイメージ**」が脳には必要なのです。

記憶の中から起ち上がってくる過去の失敗を打ち消すような、強い成功へのイメージがないと、人は前向きに行動することはできません。

○○をしたから失敗した→だから次は○○をしなければ失敗しないはず→それでうまくいけば別の○○をやってみよう……と**過去の失敗を成功に塗り替えていく**ような前向きな反省をしましょう。

反省は「後ろ」ではなく、「前」を見ながらするから意味があるのです。

答え 15
ANSWER

反省は過去ではなく未来に向けて行うと、やる気が上がる！

どっち?
16

「焦る」という感情は
やる気を上げる、下げる、
どっち?

焦れば焦るほど、**仕事が手につかなくなる**ことがあります。

頼まれた仕事が約束の時間までに終わらなくて焦るとか、目標数字をあげられなくて焦る……など、やらなくてはならないのにうまくできなくて焦ることは、誰にでもあるでしょう。

こういうとき、焦るあまり、「もうやってもムダだ」と仕事を放り出してしまう人がいますが、脳の観点では「せっかく焦っているのだから続けた方がいい」といえます。

なぜなら、焦るのは「**やる気の表れ**」ともいえるからです。

脳が焦るのは、**うまくいくのがわかっているから**です。やればできるはずだから、早く手を付けて達成しようとあなたに働きかけているのです。

あなたが焦りを感じたときは、脳の「やる気」を利用して早く行動に移したほうが賢明です。

逆に、「**うまくいかない**」と脳が判断しているときは、焦りは生じにくくなります。

やっても仕方がないので、**あなたを焦らせる理由がない**のです。

それでも焦りを感じたときは、うまくいかないことに対して時間や労力をかけたくない……という脳からのメッセージだと考えてください。

つまり、「やってもムダなことから早く離れたい」と脳は訴えているのです。

イライラは短期的にはやる気を上げる

「焦る」に近い感情の「苛立つ」についても考察してみましょう。

あなたが仕事に対して「イライラ」を感じているときは、**予定通りに物事が運ばないことへの苛立ち**があるはずです。

この「イライラ」と「やる気」の関係は、時間軸の長短で変動します。

・イライラは、短期的にはやる気を上げる。なぜなら、**イライラの原因を解消したい！ というエネルギーになるから**
・イライラは、長期的にはやる気を下げる。なぜなら、**イライラの原因がいつまでも解消されないと無力感がつのっていくから**

例えば、イライラの原因が**朝の通勤ラッシュ**だとしたら、早朝に通勤する、リモートワークを増やすといった対処法である程度解消することが可能です。あなたは一刻も早く解消したいから、やる気を出してアイデアを考え、実行するでしょう。

しかし、イライラの原因が**上司の存在**だった場合、早期解決は困難です。どちらかの異動を待つしか手がなくなり、無力感でやる気は下がります。

この「イライラする」という感情に対処するには、自分は何に苛立っていて、それはすぐに解決できることなのか、できないことなのかを早く見極めることが大切です。**原因がわからないと余計に苛立つ**ので、イライラがあなたのやる気を下げる原因になっている場合は、一度自問自答してみることをお勧めします。

答え 16
ANSWER

焦りは「やる気」の表れ！
焦りのパワーを利用して素早く動こう！

どっち？
17

「偉人伝」と「マンガ」、
やる気が上がる本は
どっち？

本や映画は、そこに描かれている**主人公のストーリーや言葉を疑似体験**できるのが醍醐味です。

自分で経験していなくても、まるで体験したかのようにその世界観を味わえるため、見識を広め、教養を深めるのに役立ちます。

とくに「偉人伝」を読むと、彼らの成功ストーリーはスケールが大きく、彼らが発する言葉には重みがあるため、大いに影響を受けることがあります。

そこに書かれたことが**まるで自分の身に起きたことのように感じ、気持ちが高まり**ます。

自分と同じような悩みを抱えていたのか！

仕事への意欲が湧かないときは、**ビジネス界で成功した人の偉人伝**を読むといいでしょう。

とくに幼少期や若い時期に偉人が悩んでいたエピソードや、苦労した話が書かれているものは、「こんなすごい人も自分と同じように悩み、苦しんでいたんだ」と共感しながら読み進めることができるので、自分自身のテンションを上げるのに役立つはずです。

ちなみに、**繁忙期など仕事のストレスが溜まりやすく、心身ともにリラックスしたいときはマンガを読むといいでしょう。**

幸せな世界観が描かれたマンガを読むと、まるで自分がその世界にいるかのように脳が錯覚し、幸せな気持ちになるためストレスが軽減されるはずです。

答え 17
ANSWER

苦労を乗り越えて成功をつかんだ人の偉人伝がお勧め！

コラム 03

「連休明け」にやる気が出ないのはなぜ？

週末の休日が終わる頃、ちょうど日曜日の夕方になると、**「明日は仕事か……」と憂うつな気分になる**ことがあります。

「サザエさん症候群」「ブルーマンデー症候群」と呼ばれる症状です。

この症状は学術的に裏付けのあるものではありませんが、多くの人が抱えていると見られ、休み明けは朝からやる気がしないと悩む人も少なくありません。

とくにゴールデンウィークやお盆休み、正月休みの後は、休みが長かった分、憂うつな気分も増すため、気持ちを切り替えて仕事に取りかかるのが難しくなります。

連休明けにやる気が出ない人は、次の2タイプのどちらかではないでしょうか。

①連休を楽しく過ごし、充実した時間を送った人

②連休明けにストレスのある用件がある人

①の連休が充実していた人は、休みが楽しかった分、**連休明けの日々への期待値が相対的に低くなる**ためモチベーションは上がりません。

②の連休明けに難しい仕事や人とのつき合いが入っている人は、それを乗り越えられるか不安であり、**失敗することを想像してどんどん暗い気持ちに**なります。

①と②のいずれか、もしくは両方に該当している場合、連休最後の日の夜や休み明けの朝は憂鬱な気持ちに支配されることになります。

連休明けをやる気のある状態で迎える方法

では、連休明けをやる気のある状態で迎えるには、どうしたらいいかを考えてみましょう。

例えば、**最悪の連休を過ごす**というのも1つの解決策になるかもしれません。

「早く会社が始まらないかな」「これなら仕事に行っている方が楽しいな」と思えるひどい休日をあえて演出していくのです。

とはいえ、それではせっかくの休みが台無しになってしまいますから、この方法は現実的ではありませんね。

まじめな提案としては、人生を長い時間軸でとらえて、**「休みの日」と「働く日」の関係を見直す**ことをお勧めします。

どういうことかというと、1日単位で休みの日と働く日を捉えるのではなく、5年とか10年単位で考えてみるのです。

すると人生には**懸命に働く繁忙期**と、**調子が悪くパッとしない閑散期**があることに気づきます。

人生には「波」があることがわかると考え方が変わる

実際私も、30代までは医師としてコンサルタントとして、しゃにむに仕事をしていました。

しかし、その後ベンチャーの起ち上げに参画していた40歳のときに大腸がんになり、強制的に自分の生き方を見つめ直す時間をもつことになりました。

人生には波があることを再認識すると、「休み」も「仕事」もどちらも楽しめるようになります。

働けるときは全力で働き、休めるときは全力で休む――。

そんなふうに、自分と休み、自分と仕事の関係性を見直すと、やる気が大きく上下動することはなくなるはずです。

第4章

Chapter 04

Which?

やる気が上がる「上司」はどっち？

どっち？
18

「褒める」と「叱る」、部下のやる気が上がるのはどっち？

「はじめに」の復習になりますが、私たちのやる気が上がるのは、次の3つの条件のうち1つでも当てはまるときです。

①うれしい出来事が起きるかもしれないと期待しているとき
②予期していなかったうれしい出来事が起きたとき
③うれしい出来事が確実に起きると予想されたとき

そして、やる気が持続しやすいのは次の2つの条件のいずれか、もしくは両方を感じているときです。

①自分はできるという期待値が高いとき
②喜びを感じる報酬が期待できるとき

この3＋2の条件から考えると、設問の答えは「**褒める上司**」**が部下のやる気を上げる**……になります。褒められた喜びで、部下の脳内にはドーパミンが分泌され、モチベーションが高まるからです。

あなたが上司なら、部下をどんどん褒めてやる気にさせましょう。

褒めても動かない部下はどうしたらいい？

しかし、**褒めてもドーパミンが分泌されない**人たちがいます。

褒められることに慣れているタイプや、過去の失敗の記憶が強すぎて、少しぐらい褒めても反応しないタイプです。

彼らの脳は褒められても快感を覚えないので、褒め上手の上司は苦労するでしょう。

そんなときは、**反対に叱ってみる**のも手です。

叱るといっても、ただ感情に任せて叱るのではなく、改善点を明らかにした上で、具体的にアドバイスすることが必要です。

アドバイスを受けた部下が、「**次はうまくいく**」と思えれば、前ページ「3つの条件」の①と③に当てはまるため、部下の気持ちも前向きになるはずです。

とはいえ、こんな時代に人を叱るなんて、リスクしかないようにも思えます。「パワハラ」とか「モラハラ」と非難されるのがオチだからです。
しかし中には、「リスクを承知で耳の痛い話をしてくれるなんてありがたい」と受け取ってくれる部下もいるはずです。適当なことを言って、お茶を濁していたほうがラクなわけですからね。

あなたが上司なら、褒めても反応しない部下は叱って伸ばそう！
あなたが部下なら、叱ってくれる上司のアドバイスに耳を傾けよう！

脳の仕組みから言えば、「**褒めて伸ばす**」**のが基本**ですが、基本に当てはまらないケースも少なくないので困ったときは実践してみてください。

答え 18 ANSWER

褒めて伸ばす部下と叱って伸ばす部下の違いを見極めよう！

どっち？
19

「明るさ」と「公平さ」、部下のやる気が上がる上司はどっち？

答えは、圧倒的に「公平さ」です。

理由を説明するために、**チームでマンモスを獲っていた狩猟時代**の話をしましょう。現代を生きる私たちの脳の仕組みの土台には、狩猟時代を生きていた先祖の暮らしの習慣があるからです。

シベリアの平原。あなたは狩猟チームの一員として、マンモスの狩りに参加しています。

うまく獲物を岩場に追い込み、仕留めることができました。ここから**肉の分配**が始まります。

チームメンバーの働きはさまざまです。

危険を冒してマンモスに致命傷を与えた人、狩りやすい猟場に追い込んだ人など、マンモスを狩るために効果的な働きをした人たちがいる一方で、危険を避けて遠巻きに見ていた人、槍は投げたものの当たらなかった人など、成果を出せなかった人たちもいます。

前者の人と後者の人に、成果ではなく、猟に参加したという理由で**平等に肉を分け**

るのは、公平ではありませんよね？

もし、リーダーが「皆、平等だから」と言い出したら、チーム内に不満がくすぶり、次回以降の猟はうまくいかなくなるはずです。

狩猟時代からリーダーに求められるのは、公平さ

チームのメンバーがリーダーに求めるのは、**1人ひとりの働きに応じた公平な分配**をすることです。

公平性が保たれれば、優秀な狩猟者は満足し、さらにチームに貢献するため頑張るでしょう。

彼らがチームに定着し、活躍すれば、より多くの獲物を得ることができるので、あまり猟が得意ではないメンバーにも十分に肉が行き渡るようになります。

公平であることは**すべてのメンバーに恩恵**をもたらすのです。

じつはこうしたチームの成り立ちは、**現代の企業でも基本的に変わりません。**

「パレートの法則」曰く、会社の売上げの8割は優秀な2割の社員が生み出しているため、リーダーは成果に応じた報酬を彼らに提供して、組織に定着してもらう必要があります。

有能な彼らが組織に残り結果を出せば、会社が大きくなり全体の給与も上がるなど、**残り8割の人にも恩恵が行き渡る**のです。

明るい上司が求められる職場とは？

一方、**明るい上司が部下のやる気を高める効果は、限定的**といえます。

明るく振る舞い、部下の気持ちを盛り上げてくれる上司が職場にいたら嬉しいですが、「その上司のためにやる気を出して頑張ろう」とまではモチベートされないのではないでしょうか。

ミスをして落ち込んでいた部下が明るい上司とコミュニケーションすることで気分

が晴れたとか、笑顔の上司につられてこちらも笑顔が増えて気分が上がるといった効果は期待できますが、公平さに比べると影響は限定的です。

それでも、組織に明るいリーダーシップが求められる場面があります。**業績が低迷しているとき**です。

業績がふるわない会社には、暗いイメージがあるかもしれません。

業績が悪いから職場が暗いのか、職場が暗いから業績が悪いのかはさておき、こうした会社や職場で**上司が明るい性格だと救われる**ことも多いはずです。

図5 公平なリーダーがメンバーのやる気を上げる

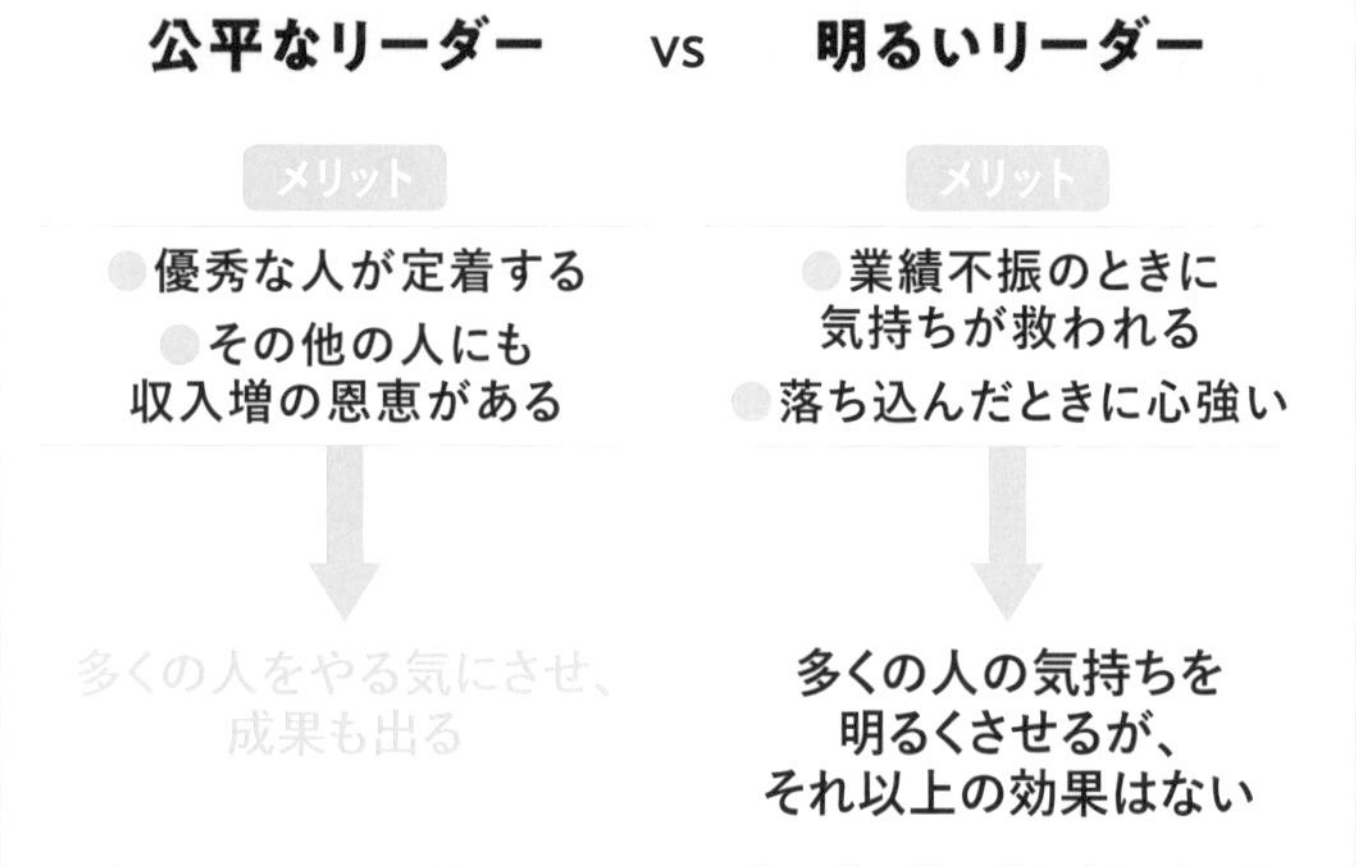
公平なリーダー
vs
明るいリーダー
メリット
優秀な人が定着する
その他の人にも収入増の恩恵がある
多くの人をやる気にさせ、成果も出る
メリット
業績不振のときに気持ちが救われる
落ち込んだときに心強い
多くの人の気持ちを明るくさせるが、それ以上の効果はない

ただ裏を返せば、明るい上司が評価されている組織は、**それ以外にメンバーのやる気にポジティブな影響を与えるものがない**ということでもあります。

最近、急に明るい性格の人が出世し始めたとか、入社してくるのは明るい人ばかり……という会社や職場は、トップやリーダーが他に打つ手がない可能性もあるので注意が必要かもしれません。

答え 19 ANSWER

「明るさ」が必要な組織は、問題の多い組織かも!?

どっち？

20

細かく教える上司、
好きにやらせる上司、
どっちがやる気が出る？

結論から言うと、**部下の能力や経験値によります。**

仕事を覚える時期の新入社員や、他部署から異動してきたばかりの若手社員、異業種から転職してきた中堅社員など、今学びの段階にいる部下には細かく教える上司が必要です。

部下が仕事に不慣れなうちは、マイクロマネジメント（部下の行動を細かく管理する過干渉ぎみのマネジメント）で接してくれる上司に安心感を覚えます。

そして、**細やかに指導してもらうことで、クリアすべき課題がはっきりし、やる気も高まる**のです。

一方、同じ部署に長くいて仕事に精通している社員や、他業種から専門性を買われて転職した社員、能力的に上司よりも優れている社員など、自主性に期待できるステージにいる部下には、好きにやらせる度量のある上司が必要です。

彼らは**上司からマイクロマネジメントを受けると、やる気を失います。**その状態が続くと、指示通りの以上のことはしなくなるでしょう。**能力がある分、仕事をこなすようになってしまう**のです。

人の成長には「**守破離**《しゅはり》」の段階があります。

学びを守る段階、学びを破って模索する段階、指導者のもとを離れて自立する段階。

上司の関わり方が正しければ、部下は段階的に成長していきます。

「守」の段階では有益だった細かく教えることは、「破」と「離」の段階に入った部下には必要ありません。

足かせのように感じ、やる気を下げるだけです。


部下が仕事に慣れてくると、細かい指示は彼らからやる気を奪います。仕事が単純作業のように感じられるからです。

そうなったとき、上司がすべきなのは、より**難易度の高い仕事を割り振る**ことです。

もしくは、**相手からアイデアを出してもらい、新たな仕事をつくっていく**ことです。


自立し始めた部下には、好きにやらせることです。

自由にやらせる分、大きな失敗をする可能性がありますが、上司はそのリスクをわかった上で見守り、失敗したときはサポートするという姿勢を示せば、部下の能力はそこから一気に伸びていきます。

見てはいるけど、基本的に口も出さないし、手も出さない。そんな心地良い距離感が信頼感となり、部下のやる気を高めます。

部下の能力や状況を的確に判断し、**「細かく教える」「好きにやらせる」のいずれにも対応できるのが、部下のやる気を高める上司**だといえるでしょう。

答え 20 ANSWER

部下の成長ステージ、能力に合わせて上司の役割を使い分ける。

どっち？
21

隙がない上司、隙が多い上司、部下のやる気を上げるのはどっち？

前項でも触れましたが、自分で考えて動ける自主性の高い部下が揃っているなら、隙の多い上司でいるべきです。

そのほうが部下は自由に動くことができるので、**自分の行動に対して裁量権、決定権がある環境はやる気を持続させます。**

一方、経験の少ない若手が部下の中心だとしたら、細かな指示を出す隙のない上司でいるべきです。

次に何をすればいいのかわからない部下に随時、指示を出し、行動を適宜フォローしていくことで彼らの不安を取り除いてあげます。

部下がどちらのタイプかわからないときは、例えば**この本を手渡したとき、興味を持って読み始めるような部下なら放任**でいいでしょう。**面倒くさそうな素振りを見せる部下なら、隙のない上司の顔で対応**しましょう。

答え
21
ANSWER

この本の読者が部下なら、隙の多い上司がよい。

どっち？22

リモートを推奨する上司、
対面が大好きな上司、
部下がやる気になるのはどっち？

今の世の中なら、「リモートを推奨する上司」の方が自由な働き方に理解がある、話のわかる上司だと思うかもしれません。

しかし、「部下のやる気を上げる」という観点でみると評価は逆転します。

私たちの脳には「対人コミュニケーション」を好む傾向があるため、**「対面が好きな上司」の方が部下のやる気を上げる**……といえるのです。

そもそも哺乳類である人間は、成体になるまで親に育ててもらう必要があります。

哺乳類以前の爬虫類の子供は、基本的に生まれた瞬間から自分の力で生きていきますが、哺乳類の子供は親に育ててもらわなければ生きいけないため、とくに**母親とよりよい関係を築く**必要があります。

人間の場合、よく笑い、母親と上手にコミュニケーションを取れる子供は、より多くの栄養を手にすることができるため、兄弟間の生存競争で優位に立つと考えられます。

哺乳類は、**コミュニケーションが得意な個体が生き残る**ように進化してきたというわけです。

こうした哺乳類の特徴は、**ミラーニューロンの発達**からも見て取れます。

ミラーニューロンは相手の表情や動き、クセなどを真似する脳の神経細胞です。

相手が笑ったら、こちらも笑う。泣いているのを見たら悲しくなる。いわばお互いの共感性を支えているのが、ミラーニューロンです。


人間は哺乳類として進化する過程で社会性を身につけ、人から承認されると喜びを感じ、やる気が増すように進化してきました。

つまり、**対面でのコミュニケーションを重視することは人間の脳の仕組みに適っている**のです。

対面好きの上司は時代に逆行している?

コロナ禍以降浸透したオンライン上のコミュニケーションは、効率的に要件を伝えたり、指示を出す上では便利な対話方式です。

しかし、画面越しの対話ではアイスブレークの**雑談もカットされ、要件が済んだら**

早々に対話が終了するため、私たちの脳が好むコミュニケーションは不足しがちです。

リモートを推奨する上司は、**対話不足の影響で部下のやる気が落ちていないか、**つねに配慮すべきでしょう。

その点、対面でのコミュニケーションを好む上司は、**会話を重視し、人間関係を円滑に保つことに高いモチベーション**を持っています。

メンバー間、チーム間のコミュニケーションが活発になるため、職場全体の士気も高まりやすいでしょう。

リモートよりも対面好きの上司は、時代に逆行しているようでいて、じつは部下のやる気を高めてくれる頼もしい存在であるといえるのです。

答え 22
ANSWER

人間の脳は「対面」の方がやる気が出る。

どっち？ 23

遊び好きの上司、堅物の上司、部下のやる気が上がるのはどっち？

部下のやる気が上がるのは、「遊び好きの上司」のほうです。

遊び好きの上司というと言い方が悪いですが、**遊びもするけれど仕事もしっかりやって、結果を出している人**のことを、ここではそう呼んでいます。

結果を出してきたからこそ、今の上司のポジションをつかんでおり、ただの遊び人ではありません。

こういう人が出世している会社は、**部下からしても希望がもてます。**

プライベートでいくら遊んでいても、仕事で結果を出していれば重要な役職につけるため、遊びも仕事も全力で頑張ろうと思えるのではないでしょうか。

もし、皆さんの周りに公私ともに充実している上司がいて、あなたがその人のようになりたいと思えるのならば、**上司と同じ遊びを趣味にしてみるといいでしょう。**

上司は遊び仲間の1人として、あなたを受け入れてくれるはずです。仕事以外に、**新たな学びの場をもつ**ことになったあなたのプライベートは、より一層充実するに違いありません。

ただし、上司の遊びが過ぎて、仕事が疎かになった場合は、関係を見直した方がよさそうです。

とくに若い部下にとって、上司の存在は重要です。

上司の中に**理想とすべき人がいない場合は、その会社にいる意味はない**かもしれません。

自分を成長させてくれる上司を求めて、働く場を変えることを考えてもいいのではないでしょうか。

答え 22 ANSWER

仕事ができる上司が遊びも達者なら、一緒にいて学ぶことは多いはず!

コラム 04

会社に行くのがツラいときは休んだほうがいい？

誰にでも「今日は会社に行きたくない」と思う日があるでしょう。

そんなときはいっそ休んだ方がいいのか、それとも頑張って行ったほうがいいのか？　皆さんはどちらだと思いますか？

脳科学的には、「**休んだ方がいいケースが多いが、休まずに行ったほうがいいケースも少なくない**」となります。

私のクリニックにも、「会社に行くのがツラい」と相談に来る人が多いですが、ツライと感じる理由を聞いた上で、休む・休まないを判断し、アドバイスしています。

単なる睡眠不足が原因だったりする

月曜日の朝になると会社に行きたくなくなる、週明けになると仕事がイヤで会社を辞めたくなる……と訴える患者さんが一定数います。一人暮らしの若い人に多い相談です。

もちろん、深刻な原因があり、十分なケアが必要なケースもありますが、7割の人は**生活パターンの乱れに原因**があります。

本人は「上司との関係が悪いからだ」「会社との相性が最悪だから……」と不調の原因を挙げてきますが、じっくり話を聞くと、週末に睡眠のサイクルがずれており、それが月曜日の不調の原因となっている場合が多いのです。

実際、金曜や土曜日の夜に夜更かしをして、次の日は昼まで寝ているような生活を送れば睡眠のサイクルは崩れていきます。

そのまま日曜の夜になって「明日は会社だから」と早めに寝ようとしますが、当然眠くならないわけです。

結局、睡眠不足で月曜日の朝を迎えることになり、体はだるくて動かない……。自業自得にもかかわらず、「このダルさの原因はきっとストレスだ」と考えて、**仕事や会社での人間関係などに原因を求める**のです。

原因を誤解するのは、寝不足で遅刻をしたり、ミスをすることが多いため、上司からの評価が下がり、その下がった状態をとらえて「自分は上司に嫌われている」と思い込んでいるからでもあります。

こうしたケースは、週末の生活パターンを立て直すだけで解決します。

週末に、あなたが引き起こした〝時差ボケ〟のような状態が、月曜日の朝をツラくさせているだけ――。

そう説明すると、不満げな表情になる人もいますが、実際に生活サイクルを整えると多くの人はツラさがだいぶ解消されます。

月曜日の朝になると、会社に行きたくないと感じる人は、**週末の生活を見直してみる**ことをお勧めします。

見直さないまま会社を休んでしまうと、ずるずると火曜日も水曜日も休み続けることになりかねないので、注意が必要です。

サラリーマンに休職を勧めるケース

一方、医師として会社を休んだり、休職することを提案するケースもあります。

本人が**無理して出社したものの、普段のように働くことができず、**頑張っているのに評価が下がってしまう場合です。

ツラさの原因は、対人関係の悪化や仕事の分量の問題、人事異動など環境の変化にあることが多いですが、本人がそれをうまく言葉にできないときは、質問をしながら原因を探っていきます。

そしてひとまず休むことを提案します。**休息による心身の回復が必要**だからです。

その後休職した場合は、休みながら次のステップを探っていきます。

上司との人間関係が原因なら、部署を変える方向で復職を目指すなど、休みが明けた後のことを見据えて動いていきます。

復職後の対策をしないまま、ただ休み続けるのは避けたほうがいいです。休むことで体がラクになったとしても、休職した原因が解消されていなければまた同じことが繰り返される可能性が高いからです。

ツラさの原因を探っていく

人間とは不思議なもので、会社の椅子に座るまでは「会社がイヤだ」と感じていても、**作業が始まると集中できる**というケースもあります。

一見、仕事に意欲的に取り組んでいるように見えるため、上司は部下のメンタル不調に気づくことができません。

もしあなたの部下が「調子が悪い」「会社に行きたくない」などと相談してきてくれたときは、聞き流さず、しっかりと向き合ってほしいと思います。

「2、3日休んで、様子を見て」「もうひと頑張りしたら、繁忙期も過ぎるから」などと適当にアドバイスするのではなく、**面談の時間を取って一緒にツラさの原因を探ってあげてください。**

「会社に行くのがツラいときは休んでもいい？　休まない方がいい？」という問いに対する正解はなく、1人ひとりのツラさの原因に応じた対応の仕方があるのです。

第5章

Chapter 05

Which?

やる気が上がる「朝の過ごし方」はどっち？

どっち？
24

「早起き」は
やる気を上げる、下げる、
どっち？

早起きして太陽の光を浴びると、**脳の覚醒を促すセロトニンが分泌され、頭がすっきりとした状態で目覚める**ことができます。

セロトニンは私たちの精神の安定やコントロールに深く関わる脳内物質であり、分泌されると**ポジティブな気持ちが湧き上がってきて、活動的**になります。

基本的には、早起きするとやる気は上がるといえるでしょう。

しかし、**早起きすることでやる気が下がってしまう人**もいます。仕事のストレスで眠れないとか、配信ドラマにハマって夜更かしをくり返しているなど、寝る時間が遅いため早起きすると寝不足になる人たちです。

睡眠は脳にとって欠かせない休息ですから、眠りが足りないままではやる気は上がるどころか、起き抜けから下がってしまいます。ストレスで眠れないのは仕方がないとしても、だらだら起きているぐらいなら早く寝て、すっきり目覚められるよう心がけてみてください。

答え 24
ANSWER

結局、早寝早起きがやる気をつくる！

どっち？
25

朝食を食べる、食べない、やる気が上がるのはどっち？

朝食を抜いてコーヒーだけ、紅茶だけという食生活をしていると、朝から血糖値が不足します。

血糖値とは、私たちの体内を流れる血液中のグルコース（ブドウ糖）の濃度のことです。**この値が高すぎても低すぎても、体にはさまざまな不具合が生じます。**

例えば朝をコーヒーだけで済ますと、カフェインで一時的にやる気が出たとしても、その持続時間はわずかです。とくに体を動かす仕事の人は、すぐに**エネルギー不足**になってしまうでしょう。

逆に牛丼屋さんの朝定食のように、大きめの茶碗に白米、牛皿、味噌汁、目玉焼き、サラダのような朝食を食べると、血糖値が急上昇します。

食べたものを消化するために副交感神経が活性化し、**動くよりもゆっくり消化する時間を求めます。**

生活習慣病で肥っている人たちが、お菓子を食べながらソファでスマホをイジったり、テレビを見たりしているのは、血糖値が高止まりしていて体を動かすきっかけがつかめないからです。

やる気を上げるためには、朝ごはんは**血糖値を上げすぎない適度な量とメニュー**を食べることが大事です。

血糖値の急上昇を防ぐ朝食メニューを！

血糖値が低くなりすぎると動けなくなり、逆に高くなりすぎると動く理由がなくなります。

低血糖になっても、高血糖になってもやる気が出なくなるのです。

そうならないためにも、食事は炭水化物を減らし、**タンパク質と食物繊維をしっかり摂る**ことを心がけてみてください。

牛丼屋さんで朝定食を食べる場合は、白米を抜くかもしくは少量にして、牛皿と目玉焼きとサラダを食べるという具合です。

これなら活動量を支えるエネルギーを摂りながら、血糖値の急上昇を避けることができます。

以下、「**朝からやる気が出る食事メニュー**」の例です。

・卵、肉、魚など**タンパク質**を含む食材を使った料理でエネルギーを補給します。
・ヨーグルトに含まれる**ホエイ（乳清）プロテイン**を食事前に摂ると、食後の血糖値の上昇を抑えることが可能です。腸内環境を整える効果も期待できます。
・**食物繊維**には食後の血糖値の上昇を穏やかにする効果があります。わかめ、めかぶ、もずくなどの海藻類は、食物繊維が豊富です。納豆も食物繊維が多いです。
・フルーツは代謝を高めるための**ビタミン補給**になります。

血糖値の上昇を抑えながら、しっかりエネルギーを補給できるメニューを朝から心がけてほしいと思います。

答え
25
ANSWER

朝食は「抜く」のも「食べ過ぎる」のもやる気が下がる！

どっち？
26

「晴れの日」と「曇りの日」、やる気が上がるのはどっち？

前述したように、太陽の光を浴びると、脳の覚醒を促すセロトニンが分泌され、頭がすっきりとした状態で目覚めることができます。セロトニンが分泌されるとポジティブな気持ちが湧き上がり、活動的になります。つまり、やる気は上がります。

その意味では、「晴れた日」の方がやる気が高まりそうですが、セロトニンが分泌されるためには**2500～3000ルクスほどの強さの光があれば十分**です。

太陽の光は、曇りの日でも1万ルクス程度あるので、晴れた日でも曇りの日でも、朝起きて光を浴びれば同じようにやる気は高まるといえます。

ただしせっかくいい天気でも、**在宅で仕事をしていると一度も外に出ない**こともあるでしょう。在宅勤務は移動に時間をとられず、効率的に仕事ができる面もありますが、日の光を浴びないとやる気は上がりにくいので、朝起きたらカーテンを開けて光を浴びることをお勧めします。

答え
26
ANSWER

曇りの日でも太陽の光を浴びるとやる気は十分高まる！

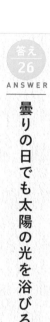

どっち？
27

「朝の運動」はやる気を上げる、下げる、どっち？

健康維持のために運動している人は多いと思いますが、では運動することがなぜ健康につながるのかご存知でしょうか？

近年、**「筋肉」の機能**についての研究が進み、その具体的な理由が明らかになってきました。

じつは筋肉には身体を動かしたり支えたりするだけでなく、**「マイオカイン」という筋ホルモンを分泌する働き**があります。

マイオカインは骨の形成や腸ホルモンの分泌、脂肪の分解などさまざまな器官に作用し、私たちの健康をサポートします。

マイオカインを効率よく分泌させるには、運動をして筋肉を鍛えることが必要なので、運動は健康にいいといえるのです。

またマイオカインの分泌により、**脳を成長させる栄養**＝**「ＢＤＮＦ（Brain-Derived Neurotrophic Factor）」が増える**こともわかっています。

ＢＤＮＦは神経細胞の成長や再生を促進させる神経栄養因子で、血管経由で脳に運ばれて記憶に関わる海馬に作用すれば、記憶力が増強されます。

ＢＤＮＦは加齢により減少しますが、運動することで増やすことができるため、今からでも記憶や学習のパフォーマンスを高めることが可能です。

運動は、健康にもやる気にもいい影響を及ぼすといえるのです。

朝、30分の散歩が本能に働きかける

私たちの「筋肉」がこうした働きを持っているのは、**狩猟採集時代の先祖の暮らし**を振り返ると納得できます。

この時代、私たちの先祖は獲物を追って山野を駆け巡っていました。

イノシシをみつけたら、追い回します。

これは現代風に言えば、トレッキングやジョギング、インターバル走のようなものです。

イノシシを狩ることができたら、住処に戻らなければいけませんが、狩りをしながら位置関係を覚え、無事に獲物を家族に届けるには、記憶する力が欠かせません。

そこで、**筋肉が獲物を追っている間にマイオカインを分泌し、BDNFを活性化させ、狩りを成功に導いてきた**と考えられるのです。

30分ほど散歩をするだけでも、狩猟採集時代の本能が揺り動かされて、やる気を上げることができるはずです。

答え 27 ANSWER

運動すると脳が刺激され、やる気が上がる！

どっち？
28

「午前」と「午後」、やる気が上がるのはどっち？

人間の体には朝、太陽と共に目覚め、日没とともに眠るという生体リズムが備わっています。朝になると血圧が上がり、体は起きるための準備をはじめます。日の光を浴びると脳の覚醒を促すセロトニンが分泌され、やる気が高まります。

生体リズムとして朝から午前中は、やる気が高い状態になっているのです。

また、前日の疲れが睡眠によって解消されているため、午前中は頭がすっきりしています。ちなみに、**朝起きてから4時間後に眠気を感じなければ、それがその人にとっての十分な睡眠時間**といえます。

4時間睡眠でも、6時間睡眠でも、8時間睡眠でも、本人が起床後4時間の時点で眠気がなければ、それがその人の適切な睡眠時間です。ショートスリーパー、ロングスリーパーといった言葉に惑わされないようにしてください。

眠気を感じたら15分程度の仮眠をとるといいでしょう。本格的に眠らなくても、目を閉じているだけで眠気を誘う睡眠物質が消えていきます。

答え 28
ANSWER

午前中は体の準備が整い、やる気が出やすい時間帯！

どっち？ 29

「朝起きてすぐスマホ」は
やる気を上げる、下げる、
どっち？

朝起きてすぐにスマホを手に取っていたら、要注意です。

何もやることがない、ヒマだ、会社に行きたくない……そんな**無気力な朝を迎えている可能性が高い**といえるからです。

実際、忙しくて充実しているときは、スマホを見ている時間はありません。ボーッとしながら画面をスワイプしている暇はなく、やるべきことに向けて体を動かしているはずです。


スマホの画面からは、次々と情報が入ってきます。

脳というのは基本的にサボり屋ですから、情報を受け取っているだけで満足します。

脳と相性がいい分、簡単に依存してしまうため、意識してスマホを遠ざける必要があります。

答え 29
ANSWER

脳のサボり癖とスマホは相性がいいので、注意！

どっち？
30

どうしてもやる気がしないときは
いっそ何もしない、
無理して頑張る、どっち？

「何もする気がしない」ときは、いっそ何もしないでいてみてください。ごろごろしたり、ぼんやりするだけでいいのです。やってみると気がつきますが、病的な疲れや症状でない限り、人はいつまでもぼんやりしてはいられません。

次第に「こんなことをしていていいのか」「周りに置いていかれるのではないか」という焦りの感情が大きくなり、居てもたってもいられなくなるはずです。

「やる気がしない」というネガティブな感情が強いほど、**そこから脱け出したいという反発力も大きくなります。**この反発力を活かして行動に移ることができれば、しめたものです。

そもそも脳が覚えていられる分量は多くなく、数字ならば7つが限界といわれています。行動を起こして意識が別に向けば、脳は以前に感じていただるさを忘れ、別の作業を始めると「**作業興奮**」**といって、集中力や意欲が湧いてくる**といわれています。

やる気がしないときは無理に頑張らない方がいいといえます。

答え30 ANSWER

やる気が出ないときは、ごろごろしてさらにやる気を下げるのがいい！

どっち？
31

翌日のやる気が高まる「寝る前のルーティン」はある、ない、どっち？

寝る前の行動としてお勧めなのが、**「区切り」をつける儀式**です。

「会社」と「自宅」を区切る、「今日」と「明日」を区切る……**イヤなことがあってもそれを引きずらない**ようにするため、区切りをつけることが大事です。

区切りのつけ方は人それぞれですが、リラックスしながら気持ちを切り替えられるものがいいでしょう。例えばこんなことです。

・照明を落として、ゆっくりとお風呂に入る
・寝る前にお気に入りの曲を聴きながら、入念にストレッチを行う
・好きな匂いのアロマを焚きながら、瞑想する
・大好きな漫画を読む

寝る前に区切りをつけて、ぐっすり眠ることが翌日のやる気を高めてくれるのです。

答え
31
ANSWER

今日に「区切り」をつけることが明日のやる気を高める！

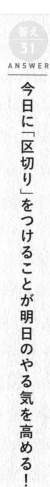

コラム
05

やる気はどのようにして生まれるのか？

近年、幸福感や満足感、抑うつの気分など「**感情**」を生み出す脳の仕組みが明らかになってきています。

それによると感情は、身体状態――とくに消化器などの「**内臓の状態**」と、脳が生み出す「**活動意欲の状態**」によって決まるとされています。

感情が、「内臓」と「脳」の状態で決まるとは意外ですよね。

ここからは少し難しい話になりますが、私たちの内臓の情報は、内臓中枢である眼窩前頭前野に集まり、**好き嫌いの「感情価」を選択**します（次ページ・図6参照）。

内臓の状態が安定し、快適だと好き（快）となり、つまりやる気が上がり、内臓が不安定で不快だと嫌い（不快）となり、やる気が上がらないようにできているのです。

昔から「**腹の虫がおさまらない**」という言い方をしますが、近年の研究でわかる前から、人間は内臓が好き嫌いを決めていることを本能的に理解していたようです。

やる気を上げる「香り」の仕組み

一方、脳の活動意欲は、**「扁桃体」という場所から脳や体の「覚醒状態」として出現**します（同・図6参照）。

つまり、脳の扁桃体が快適であれば生き生きとした覚醒状態――やる気の源を生み出します。

逆に扁桃体が不快だと、不覚醒状態――やる気は起こらないことになります。

前述した内臓の感情価が「好き（快）」で、扁桃体の覚醒度が「高い」と、興奮や幸せを感じます（図7の右上側）。

反対に、内臓の感情価が「嫌い（不快）」で、扁桃体の覚醒度が「低い」と、悲しみや疲労を感じます（同・左下側）。

つまり、やる気を上げたいのであれば、**体の内臓状態を快適、安定した状態にするとともに、扁桃体を覚醒状態にすることが大切**なのです。

では、扁桃体を覚醒状態にするにはどうしたらいいでしょうか？

私たちには外部情報を知覚する「**五感**」があります。

図6 人間の感情を司る2つの要素

感情は眼窩前頭前野と扁桃体からの気分によって発生する。

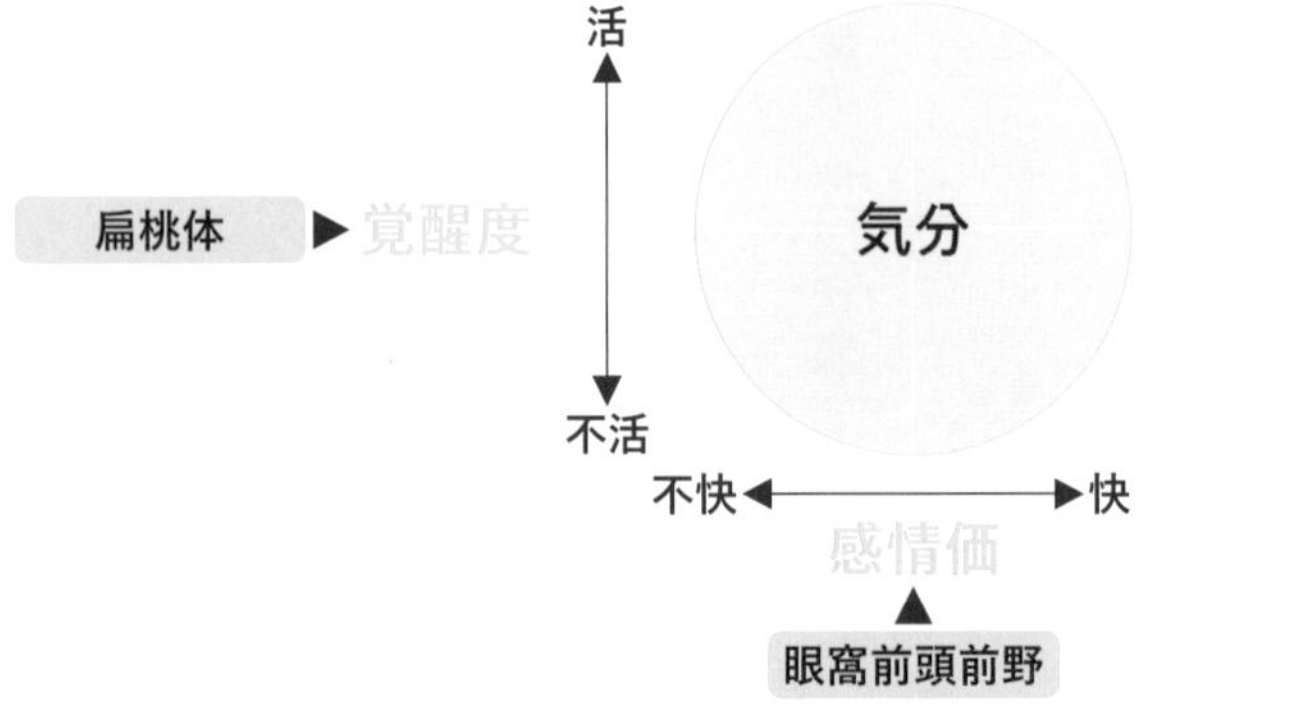

視覚、聴覚、嗅覚、味覚、触覚の五つです。この中で視覚、聴覚、触覚の情報はほとんどが大脳皮質に入ります。

一方で「嗅覚」と「味覚」の情報は、それぞれ扁桃体と眼窩前頭前野に入ります。つまり**扁桃体に影響を及ぼすのは、「嗅覚」**ということになります。

簡単に言えば、いい香りを嗅げば扁桃体が覚醒されるということです。

ちなみに、扁桃体の真横には記憶を司る海馬があるため、例えばラベンダーの香りで初恋の人を思い出したりします。

思い出のある香りや、お気に入りの香りを嗅ぐことで、扁桃体を覚醒状態にするこ

図7「感情価」と「覚醒度」で〝やる気〟が決まる

感情価は眼窩前頭前野で起こり、
覚醒度は扁桃体が起こすとされている。

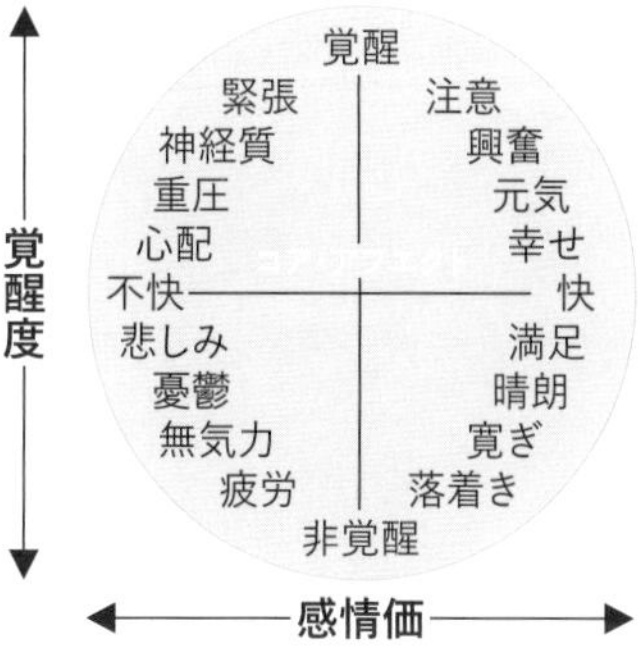

とができるのです。

以上の仕組みから、5章のテーマである「朝のやる気の上げ方」についていえば、例えば内臓を整えるために前日から快眠、快便を心がけ、起きたら味覚を刺激するバターリッチなクロワッサンなどを食べる。

さらに好きな香水や香りを嗅いで、覚醒度を上げることができれば、あなたの気分は朝から絶好調のはずです。

第6章

Chapter 06

Which?

やる気が上がる「体調管理」はどっち?

どっち？ 32

やる気のある人とつき合うと
やる気は上がる、下がる、
どっち？

約30年前にイタリアの科学者ジャコモ・リゾラッティのグループが発見したのが、「ミラーニューロン」です。

ミラーニューロンは私たちの脳の前頭葉の下側にある神経細胞で、**他の人の行動を見て、自分が行動したかのように反応**します。

友達が隣でアイスクリームを食べているのを見ると、あなたは食べていないのに、アイスの冷たさや甘さを思い起こします。これはミラーニューロンが反応して、食べている感覚に共感するからです。

初対面の相手が笑顔で挨拶したら、こちらも無意識のうちに笑顔で応じますし、相手が仏頂面で警戒心をあらわにしていたら、こちらも険しい表情になっていきます。

このように、**脳は相手に合わせるようにできている**のです。

こうした相手に同調する動きは、表情や動作だけでなく、心拍数の同期としても現れます。

カウンセリングの場で、お互いに信頼し合えたカウンセラーと相談者は、心拍数が同期します。

私たちは**無意識領域で同調できるようにできている**のです。

ミラーニューロンの観点からいうと、やる気のある人とつき合うと、あなたのやる気は上がります。

うれしいことが起こると予想できる

やる気のある人とつき合うと自分のやる気も上がるのは、ミラーニューロンによって相手の生活や行動パターンの影響を受けるため、本人の活動も活発化するからです。

行動的になるとチャンスや挑戦の機会が増えるため、「**うれしい出来事が確実に起きると予想できる**」（11ページ参照）状態になります。

さらに、以前より動き回ることで、前述した運動習慣（154ページ・どっち27）と同じような効果が体に現れ、脳の活性が高まり、やる気の向上につながるというわけです。

ただし、ミラーニューロンの働きがあるからと言って、私たちは誰とでも良好な関係を築けるわけではありません。

相性が合う、合わないは当然あります。

やる気のある人と行動を共にしてみたものの、相性が合わないと感じたら、そのときは遠慮なく距離を置くべきです。

やる気が高すぎる相手も、ついていくのに疲れます。

ネット上のインフルエンサーに憧れるよりも、身近にいるアクティブな上司や先輩、友人とつき合うほうが、ムリなくやる気を上げることができるはずです。

答え 32 ANSWER

やる気を上げるためには、やる気のある人とつき合うのが近道！

どっち？ 33

腸を整える飲料を飲むと、
やる気が上がる、下がる、
どっち？

「やる気」と「腸内環境」は〝超〟関係しています。深く密接につながっています。

どのようにつながっているのかを説明するため、**私たちの脳が無意識のうちに体の情報をモニタリングしている仕組み**を解説します。

例えば、小さな会議室に何人も集まって話をしているとき、目の前に窓があると換気のために少し開けたくなります。

そこで、隣にいる人から「どうして窓を開けるの？」と聞かれたら、あなたは「息苦しいから」と答えるはずです。

ただこの息苦しさは、**口に出して初めて強く意識したもの**で、むしろあなたは無意識のうちになんとなく居心地の悪さを感じ、窓を開けたいと思ったのではないでしょうか。

この**無意識の行動を起こさせているのが、脳のモニタリングシステム**です。

脳のモリタニングシステムは、自律神経を通して脳の「**島**」と呼ばれる部位に体の情報を集めます。先ほどの例で言えば、酸素量が足りないという情報が島に集まり、不快感を覚え、無意識のうちに状況を改善する行動を起こさせるのです。

このモニタリングシステムが処理しているのは、酸素量だけではありません。肌から感じる室温や湿度、靴の中に紛れ込んでいる小石の不快感、体を包み込むソファの快適な座り心地、遠くから香ってくる花の匂い、隣の人が立てる小さな物音など、あなたの五感が察知するありとあらゆる情報が島に集まります。

そのなかでも重要なのが、腸内環境の情報です。

腸内環境の変化はメンタルに影響する

じつは脳内にこうした仕組みがあるとがわかってきたのは最近のことです。

以前から臨床現場にいる医師たちは、うつ病の患者さんが下痢や便秘にも悩んでいることを経験的に知っていました。しかし、**腸内環境の悪化が脳に強く影響しているとまでは考えていなかった**のです。

ところが、**腸内環境を改善する善玉菌のオリゴ糖などを摂ると、うつ病の症状が改**

善されていくことがデータとしてわかってきました。

私も当初は「なぜ？」と疑問を感じていましたが、腸内環境をモニタリングする迷走神経が脳とつながっていて、眼窩前頭前野という消化器の中枢が感情の動きを大きく左右していることがわかってきたことで、「なるほど」と腑に落ちました。

腸と脳は高速道路のような迷走神経でつながっていて、腸内環境の変化はダイレクトに私たちの脳、ひいてはメンタルに影響していたのです。

これを「**脳腸連関**」といいますが、**ストレスや悪玉菌によって腸内に炎症が起きると、脳は不安定**になります。また、下痢や便秘の症状に悩まされていると、無意識下の不快感が続き、メンタルの状態も悪化します。

疲労感が強い、やる気が出ない、ダルいといった症状を感じているとき、その原因は腸内環境にある場合が少なくありません。

そう考えると、「**腹の虫が治まらない**」といった昔ながらの言い回しは、じつに言い得て妙ですね。腹の虫を安定させると、疲労感も、やる気のなさも、ダルさも解消される可能性が高いといえるのです。

ちなみに、前述した迷走神経は自律神経に分類されますが、もともと迷走神経は**脳から臓器へ情報を送る**といわれていたのが、自律神経の研究者であるステフォン・ポージェス博士によって、自律神経の8割は**身体情報を脳に送る**神経であることが判明しました。脳腸連関が成立することがわかったというわけです。

腸内に善玉菌を増やすとやる気が高まる

腸内環境を改善するとされる1000億個もの乳酸菌シロタ株が、生きたまま腸に届くという「ヤクルト1000」が大ヒットしていますが、脳腸連関の関係性からいうと、**腸内に善玉菌を増やす試みは、やる気を高めてくれるはず**です。

実際、オーストラリアでは2023年から腸内細菌を悪玉菌から善玉菌に置き換えていく「腸内細菌移植」の治療法が保険適用となりました。

これまでやる気のある・なしの議論は、体の〝外側の要因〟で語られることがほとんどでした。人間関係、仕事の状況、報酬のあるなしなどです。

最新の医学によって、じつは体の内側である**腸内環境が安定して、初めてやる気が出る土台が整う**ことがわかってきたのです。

乳酸菌やビフィズス菌などの善玉菌をとることができる**ヨーグルト**や、善玉菌のエサとなる水溶性食物繊維を多く含んだ**海藻類**、乳酸菌が豊富で食物繊維も多い漬物やキムチなどの**発酵食品**、オリゴ糖を豊富に含む豆腐、豆乳、きなことといった**大豆製品**などを積極的に摂るようにしましょう。

やる気は腸から整える！　ぜひ実践してみてください。

答え 33 ANSWER

腸の乱れがやる気の乱れにつながる。

どっち？
34

お酒を飲むと
やる気は上がる、下がる、
どっち？

お酒を飲むと脳内にドーパミンが分泌され、興奮したり、楽しくなります。

仕事でストレスを抱えて気持ちが沈んでいるときなどは、**お酒の力を借りて気分転換し、気持ちを高めていく**といいでしょう。

しかしお酒も飲み過ぎると、逆効果になることがあります。ドーパミン受容体が増えるため、もっとドーパミンがほしいと脳が反応して、アルコール依存症に発展しかねないのです。

飲み方次第では、お酒はやる気を上げるのに役立ちます。しかし、ストレスの原因である職場の人間関係や、仕事でのミスなどは、**飲んだからといって帳消しになるわけではありません。**

短期的にお酒の力を借りるのはいいですが、憂さを晴らすためにお酒に頼り続けていると、長期的には自分の将来を見失うことになるので注意してください。

答え34
ANSWER

気持ちを切り替えるために飲むぐらいがちょうどいい！

どっち？
35

趣味は多いほうが
やる気が上がる、下がる、
どっち？

「多趣味な人」というと、活動的でやる気のある人をイメージしますが、**じつは飽きっぽくて、何をやっても続かない人なのかもしれません。**

たくさんのことに取り組むエネルギーはあっても、やる気が続かないからつねに別の何かに目を向けている……。

多趣味な人に、「あなたの本当の趣味は何ですか？」と聞くと、困ってしまう人も少なくありません。

一方、長く打ち込める趣味を1つや2つ見つけ、それを楽しんでいる人は、**やる気を持続させるコツを掴んでいる**ともいえます。

趣味以外のことでもやる気を上げて、それをキープするのがうまいのではないでしょうか。

答え35 ANSWER

1つの趣味を長く続けられる人は、やる気を持続させるコツを知っている！

どっち？
36

「食事の回数」を増やす、減らす、やる気が上がるのはどっち？

「腹が減っては戦ができぬ」というように、たくさん食べたほうがやる気が上がると思っている人も多いかもしれません。

しかし、1日3食きっちり食べているのに、「なんだかやる気が出ない」と感じている人は、むしろ**食事の回数を減らしてみて**ください。

とくにコロナ禍以降、自宅でリモートワークをする機会が増えた人にとって、1日3食の食事は食べ過ぎともいえます。

胃腸は食べ物を摂取して消化・吸収している限り、休むヒマがありません。「腸内環境」と「やる気」の関係は前述した通りです。

胃腸をメンテナンスする時間がないと、腸内環境は悪化しやすくなります。

食事の回数を減らして、空腹の時間をつくることは胃腸をいたわることにつながるのです。

理論的には、10時間食べ物を口にしなければ、肝臓に蓄えられた糖がなくなり、脂肪が分解されてエネルギーとして使われます。

摂取カロリーが減ってダイエット効果も期待できるため、この時間を目安に食事の回数を減らしてみるのもいいでしょう。

昼食後にやる気が落ちる人は〝昼断食〟を！

例えば、昼食を食べた後に眠くなってやる気が落ちる……という人は、一度昼飯を抜いてみてください。

夕方頃に空腹を感じると思いますが、**腸が整っている分、頭がすっきりしている**ことに気がつくはずです。

1食抜いた方が自分は集中できると感じたら、1週間に1度や2度、1日1食とか2食の「**プチ断食**」を試してみるのもいいでしょう。

腸内細菌の活動が活性化されて、やる気が高まり、集中して仕事に取り組めるのではないでしょうか。

もちろん、1日3食摂っているけれどやる気は十分あるという状態なら、無理に断食を試す必要はありません。
あくまでやる気が出ないときに、「モノは試し」くらいの感覚で取り組んでみることをお勧めします。

答え 36 ANSWER

やる気が出ないときは1日1食のプチ断食が効く！

どっち？
37

「マインドフルネス」は
やる気が上がる、下がる、
どっち？

ストレス社会を生きる私たちは、日々多くの心配事や悩みに振り回されています。今、目の前にある仕事に集中しなければならないのに、過去の失敗を思い出したり、将来の不安について考えてしまったりしています。

どんどんネガティブに物事をとらえて、どんどんストレスを抱え込んでしまっている人も多いのではないでしょうか。

マインドフルネスは、そうした雑念を取り払い、**気持ちを「今」に集中させるために行う**ものです。具体的には、瞑想が用いられます。

瞑想を行うことで、余計な雑念が消えるため、不安やストレスから解放され、心身のコンディションを整える効果が期待できます。

私が「やる気を上げる」という観点でマインドフルネスに注目しているのは、自分の内面と向き合うことで、あるがままの自分を受け入れながら、**「自分」と「自分の感情」を切り離していく**ことができる点です。

マインドフルネスの瞑想では、目を軽く閉じて呼吸を整えていきます。呼吸に集中しながら、あるがままの自分を観察します。余裕がない自分やイライラしている自分……こうした自分を否定するのではなく、ある意味俯瞰して捉えるのです。

自分を俯瞰して見る感覚が身につくと、**「自分の感情」と「自分」を分離して捉えられる**ようになります。

「やる気が出ない私と、私自身は別である」、「辛い過去にこだわっている私と、今の私は別である」という感覚です。

この感覚をものにすると、やる気が出ないときは、「今日はやる気が上がらない私がいるな」と自分を俯瞰して見た上で、**「やる気が出ないなりに、できることをやってみよう」**と、「感情」と「自分」を切り離して行動することができるようになるのです。

「今日の私は気持ちが落ちている」、しかし、**「私自身がどこかに落下していっているわけではない」**と思えるようになるのです。

「自分の感情」と「自分」を分離して捉えられるようになると、イヤなことがあってもそれとは関係なく、前向きに動くことができるようになります。

「やる気が上がる」というよりは、**やる気の有無にかかわらず行動することができる**ようになると私は思っています。

答え
37
ANSWER

「感情」と「自分」を切り離して考えられると、ムダにやる気が下がらない。

どっち？
38

「赤」と「白」、やる気が上がる色はどっち？

私たちはたくさんの「色」に囲まれて生活しています。1つひとつの色には意味があり、**私たちの心理や行動に影響を与えて**います。

例えば黄色やオレンジなどの明るい色を見ると、私たちの気分も明るくなります。反対に青や緑など落ち着いた色を見ると、気分も落ち着きます。

こうした**心理的な効果を勘案して、世の中の商品や製品に色が使われて**います。

例えば、「ピンク色」には、人の攻撃性を抑制する効果があることから、スウェーデンの刑務所の部屋がピンクに塗り替えられました。

「クールダウンピンク」と名付けられたこのプロジェクトは、受刑者の気持ちを落ち着かせる目的で実施され、一定の成果を上げたそうです。

やる気をアップさせるには、赤とオレンジを

また、**「白」は人に不安感を与える**ことから、病院の壁の色に使われることが減ってきています。以前は、清潔さを保つために白が選ばれていましたが、今はベージュなど温かみを感じさせる内装が主流です。

とくに小児科の病棟は、子どもたちの気持ちを動揺させないように、カラフルな彩りになっています。

「赤」は、身につけた人の気分を高揚させるため、欧米では政治家や経営者などがこぞのタイミングで赤のネクタイを身につけ、強さや情熱をアピールするのに活用されています。赤のネクタイは「パワー・タイ」と呼ばれています。

「オレンジ」は活発な印象や暖かい印象を与える色で、**身につけた本人や目にした周囲の人を明るい気持ち**にしてくれます。

ファッションのどこかにオレンジ色のアイテムを取り入れることで、やる気の高まりを感じられるはずです。

答え
38
ANSWER

「白」は精神を不安定にするが、「オレンジ」はやる気を高める!

コラム 06

「更年期」にやる気が上がらないのは仕方がない？

更年期は一般的に、女性が閉経を迎える前後の各5年、すなわち40代後半から50代前半までの10年間を指します。

女性特有のものではなく、男性もこの時期にホルモンの分泌の変化があり、心身に変化が現れます。

具体的には、女性ホルモン、男性ホルモンの分泌が少なくなることで、**脳内の神経**

伝達物質であるセロトニンが不足します。

セロトニンが不足すると、扁桃体の動きが不安定になり、感情のコントロールが難しくなります。**イライラしたり、やる気が出にくい状況になる**のです。


このような仕組みから、男女を問わず多くの人が中年期から老年期に差しかかる時期に、ホルモンバランスを崩して感情が不安定になります。

更年期にやる気が出にくくなるのは、医学的、生理学的に仕方のないことだと言えるのです。

更年期にやる気が下がるのは当たり前のこと

こうした更年期における変化は、**人のライフサイクルと照らし合わせて考える**と、理に適うものだということがわかります。

基本的に私たちは、幼年期から始まり、青年期、中年期に向けて、体力や知力、財力などが**プラスされていく人生**を歩みます。

しかし、あるときから体力が下がり、記憶力など知力にも陰りが見え始め、親や知人が亡くなることを経験します。

自分の人生がこれまでとは違う、いわば「**マイナスの段階**」に入っているのを実感するのではないでしょうか。

こうして多くの人はホルモンの減少による体調の変化とは別に、更年期に人生の転換点を迎えるのです。

例えば、会社員として順調に出世してきた人も、それ以上の昇格は難しいことが見えてきて、限界を感じるのもこの頃です。

子育てに多くの時間を割いていた人は、子どもたちが自立するという変化に戸惑いを感じるはずです。

更年期は、こうした外的な環境の変化に対して、「**やる気を下げ、行動を抑制し、人生の次のステップに向かう準備期間を用意してくれているのだ**」と前向きに解釈することもできます。

あなたの心身が、「今は少し休んで、周囲の状況をよく見定めた上で、新しい環境へ移っていこう」と言ってくれているのかもしれません。

心も体も落ち着きを取り戻していく

ちなみに、**老年期に入ると、ホルモンの状態は再び安定**します。心も体も落ち着きを取り戻すのです。

しかし昨今は、老年期を迎えてもゆっくり落ち着いてはいられないようです。

「**年金が足りない**」「**孤独がつらい**」などネガティブな情報によって不安にかられることが増えているからです。

そんな時代において、私はこう考えて、自分の男性更年期を乗り越えました。

この時期に、やる気が下がるのは当たり前。

今までは獲得する人生だったが、

それを手放していく人生にこれから変わっていくのだ。

イメージ通りにいかない心と体を受け入れて、人生の最終ステージにつなげていけ

ばいい――。

落ち着いた老年期を迎えるためにも、**やる気が出ない自分を責めることなく、前向きに、しのいで**いきましょう。

おわりに

やる気が上がるのは、どっち……でもいい!?

ここまで38通りの「自分のやる気が上がるのは、どっち?」について解説してきました。皆さんのやる気に火がつく方法や考え方が見つかりましたでしょうか?

これだ!　と思えるものがあればすぐにでも試してみてほしいと思います。

試していくうちに、どんどんやる気が上がってくるはずです。


さて、本書の最後にもう少しだけ掘り下げてお伝えしたいことがあります。

「やる気が上がるのは、どっち?」の究極の答えである「**どっちでもいいから、やってみましょう!**」についてです。

じつは、私が本書で一番伝えたいのは、このことです。

「どっちでもいい」とはどういうことか、お話ししていきます。

やる気のあるなしにかかわらず、**私たちが選択できるのはこの4つのいずれか**です。

- **やる気がある。だから、やる。**
- **やる気がある。だけど、やらない。**
- **やる気が出ない。だけど、やる。**
- **やる気が出ない。だから、やらない。**

おそらく皆さんは一番左の「やる気が出ない。だから、やらない」を選んでしまう自分を変えたくて、本書を手に取ってここまで読んでくれたのかもしれません。

そんな皆さんに、私がお伝えしたいのは、**やらないことには結果が出ないから、とりあえずAでもBでもいいから選んでやってみよう**……ということです。

- やる気があるから、やってみて、**うまくやったら、よかったね。**
- やる気が出ないけど、やってみて、**うまくいったら、よかったね。**

・やる気があるから、やってみたけど、**うまくいかなかったら、別の選択をしてみましょう。**
・やる気が出ないけど、やってみて、**うまくいかなかったら、別の選択をしてみましょう。**

Aでも B でもいいから、選択して行動すれば結果が出ます。

その結果を踏まえて、また選択して行動すれば結果が出ます。

結果が悪かったときは、次は別の選択肢をやってみようという「判断材料」ができます。

この**判断材料を得ることがとても大事なこと**だと私は考えています。

判断材料を持たずに、「今の自分はやる気があるかな？　ないかな？」と考えていても時間のムダです。

大事なのは、あなたがあなたの行動によって判断材料を得ることであり、それがうまくいかない現状を打破する唯一にして、最大の方法であると思うのです。

だからこそ、最初はどちらを選んでもいいから、とりあえず、「**やってみましょう！**」なのです。

あなたの行動が次のやる気をつくる

人生に、誰にでも共通する「正解」なんてないのですから、自分なりにやってみるしかありません。

たとえ悪い結果になったとしても、**それは正しい道筋に近づくための「判断材料」と「経験」を得られた**ということです。

自分の人生を真面目に生きている限り、これから先も「**正解はどっちだろう？**」と悩む場面はたくさんおとずれます。

それに対して、脳科学的に正しい道を選ぶことはできます。

でも、それも絶対ではありません。

あなたを取り巻く状況や時間、人間関係などの条件によって答えはつねに変わりうるからです。

選択した結果、うまくいけば「成功するやり方」を習得し、そこで得た成功体験が次のやる気を生み出します。

たとえ失敗しても、「失敗する方法」が明らかになったので、次に失敗する確率を下げることができます。

どちらを選んでも前に進むことができるのですから、どっちだろうかといつまでも悩んでいないで、どっちかに決めてさっさとやってしまいましょう。

やってみた結果、「うまくいった！」「嬉しい！」でも、「失敗した！」「悔しい！」でも、その結果が次の行動へのやる気をつくり出してくれるのです。

カバーデザイン
金澤浩二

本文デザイン・DTP
鳥越浩太郎

カバーイラスト
小雨そぉだ

編集協力
佐口賢作

［著者略歴］

田中伸明（たなか・のぶあき）

ベスリ会総院長、日本神経学会認定医、医師会認定産業医、東洋医学会専門医。

鹿児島大学医学部卒業後、諏訪中央病院で地域医療に従事。その後、厚生労働省でマネジメントを、マッキンゼー・アンド・カンパニージャパンで経営を学ぶ。その経験を生かして会津大学理工学部、日本大学工学部、京都産業大学経営学部の教授として大学教育に従事。

ビジネス領域で活動した医師免許所有者の社会的責務として、日本を支えるビジネスパーソンのメンタル障害を解決することが重要と考え、ベスリクリニックを開設。医学だけでは解決できない問題に対して独自の社会的アプローチを開発するとともに、ビジネスを含め、広くサービスを探査、提供している。著書に『マッキンゼー×最新脳科学　究極の集中術』など。

自分《じぶん》のやる気《き》が上《あ》がるのは、どっち？

2023年8月1日　　初版発行

著　者　田中伸明

発行者　小早川幸一郎

発　行　株式会社クロスメディア・パブリッシング
〒151-0051 東京都渋谷区千駄ヶ谷4-20-3 東栄神宮外苑ビル
https://www.cm-publishing.co.jp
◎本の内容に関するお問い合わせ先：TEL（03）5413-3140／FAX（03）5413-3141

発　売　株式会社インプレス
〒101-0051 東京都千代田区神田神保町一丁目105番地
◎乱丁本・落丁本などのお問い合わせ先：FAX（03）6837-5023
service@impress.co.jp
※古書店で購入されたものについてはお取り替えできません

印刷・製本　株式会社シナノ

©2023 Nobuaki Tanaka, Printed in Japan　ISBN978-4-295-40853-6　C2034